Gerald Schwabe
Dieter Seibert

Allgäu 3

Oberstaufen und Westallgäu

46 ausgewählte Tal- und Höhenwanderungen

ROTHER
BERGVERLAG

ROTHER WANDERFÜHRER

Aargau
Abruzzen
Achensee
Adlerweg
Ahrsteig
Alb Südrand-Weg HW2
Albanien
Albsteig
Algarve
Allgäu 1, 2, 3, 4
Allgäuer Alpen
AlpeAdriaTrail
Altmühltal
Altmühltal-Panorama-weg
Andalusien Süd
Annapurna Treks
Antholz - Gsies
Aostatal

Appenzellerland
Apulien
Ardennen
Arlberg - Paznaun
Arnoweg
Asturien
Augsburg
Außerfern
Australien
Auvergne
Azoren
Baskenland
Bayerische Alpen Trekking
Bayerischer Wald
Berchtesgaden - Lienz
Berchtesgadener Land
Bergisches Land
Berlin
Bern
Berner Oberland Ost
Berner Oberland West
Bodensee Nord, Süd
Bodensee - Rätikon
Böhmerwald
Böhmische Schweiz
Bolivien
Bornholm
Bosnien u. Herzegowina
Bozen - Kaltern
Brandnertal
Bregenzerwald
Bremen - Oldenburg
Brenta
Bretagne
Bulgarien
Burgund
Cevennen
Chalkidiki - Thassos
Champagne - Ardennen
Chiemgau
Chiemsee
Chur - Hinterrhein
Cilento
Cinque Terre
Comer See
Cornwall-Devon
Costa Blanca
Costa Brava
Costa Daurada
Côte d'Azur
Dachstein-Tauern Ost
Dachstein-Tauern West
Dänemark-Jütland
Dalmatien
Dauphiné Ost, West
Davos - Prättigau
Dolomiten 1, 2, 3, 4, 5, 6, 7, 8
Dolomiten-Höhenwege 1-3, 4-7, 8-10
Donausteig
E1 Deutschland Nord
E1 Deutschland Süd
E5 Konstanz - Verona
Ecuador
Eifel
Eifelsteig
El Hierro
Elba
Elbsandsteingebirge
Elsass
Emmental
Ober-, Unterengadin
England Mitte, Nord, Ost, Süd
Fichtelgebirge
Fränkische Schweiz
Fränkischer Gebirgsweg
Frankfurt
Franziskusweg
Freiburg
Friaul-Julisch Venetien
Fuerteventura
Galicien
Gardaseeberge
Garhwal - Ladakh
Garmisch - Brixen
Gasteinertal
Genfer See
Georgien
Gesäuse
Glarnerland
Glockner-Region
Goldsteig
La Gomera
Gotthardweg
Gran Canaria
Grazer Hausberge
Grenzgänger-Weg
Griechenland - Pindos-gebirge
Gruyère - Diablerets
GTA
Hamburg
Harz
Haute Route
Hawaii
Hochkönig
Hochschwab
Hohenlohe
Hunsrück
Ibiza
Innsbruck
Irland
Isarwinkel
Island
Israel
Istrien
Italienische Riviera
Jakobsweg - Camino Primitivo
Jakobsweg - Caminho Português
Jakobsweg - Camino del Norte
Französischer Jakobsweg Le Puy - Pyrenäen, Straßburg - Le Puy
Jakobsweg Marburg - Vézelay
Jakobswege Österreich
Jakobswege Schweiz
Spanischer Jakobsweg
Südfranzösischer Jakobsweg - Via Tolosana
Südwestdeutsche Jakobswege
Julische Alpen
Jura, Französischer
Jura, Schweizer
Kärntner Seen
Kalabrien
Kanadische Rocky Mountains
Kapverden Nord
Karawanken
Karnischer Höhenweg
Karwendel
Kaunertal
Kitzbüheler Alpen
Kleinwalsertal
Korfu
Korsika
Korsika - GR 20
Korsika - Mare e Monti
Kraichgau
Kreta
La Palma
La Réunion
Lago Maggiore
Lahnwanderweg
Languedoc-Roussillon
Lanzarote
Lappland
Lechweg
Lesbos - Chios
Limesweg
Lofoten
Lothringen
Lungau
Luxemburg - Saarland
Madeira
Mallorca
Malta - Gozo
Marken - Adriaküste
Marokko
Masuren
Maximiliansweg
Mecklenburgische Seenplatte
Menorca
Meran
Meraner Höhenweg
Mittelsachsen
Mont Blanc
Montafon
Montenegro
Mosel
Moselhöhenweg
Moselsteig
Mühlviertel
München
München - Venedig
Münsterland
Nationalpark Kalkalpen
Neanderlandsteig
Golf von Neapel
Neckarweg
Neuseeland
Neusiedler See
Niedere Tauern Ost
Niederlande
Niederrhein
Nockberge
Nordhessen
Normandie
Norwegen Mitte, Süd, Jotunheimen
Nürnberg
Oberlausitz
Oberpfälzer Wald
Oberschwaben
Odenwald
Odenwald Mehrtages-touren
Öland
Ötscher
Ötztal
Ötztal - Pitztal Trekking
Ossola
Ostfriesland
Ostseeküste
Ost-Steiermark
Osttirol Nord, Süd

Patagonien
Peaks of the Balkans
Peloponnes
Peru
Pfälzer Weinsteig
Pfälzerwald
Pfaffenwinkel
Picardie
Picos de Europa
Piemont Nord, Süd
Pinzgau
Pitztal
Portugal Nord
Provence
Pyrenäen 1, 2, 3, 4
Pyrenäen - GR 11

Regensburg
Rhein-Neckar
Rheinhessen
Rheinsteig
Rhodos
Rhön
Riesengebirge
Rom - Latium
Rota Vicentina
Route de Ländle
Rügen
Ruhrgebiet
Rumänien - Ostkarpaten
Rumänien - Südkarpaten
Saar-Hunsrück-Steig
Salzalpensteig
Salzburg
Salzburg - Triest
Salzkammergut Ost, West
Sardinien
Sauerland
Savoyen
Schaffhausen
Schottland
Schwabenkinder-Wege Oberschwaben, Schweiz - Liechten-stein, Vorarlberg
Schwäbische Alb Ost
Schwäbische Alb West
Schwarzwald Fernwan-derwege
Schwarzwald Mehrtages-touren Mitte/Nord, Süd/Mitte
Schwarzwald Nord, Süd
Schweden Mitte, Süd
Seealpen
Seefeld - Leutasch
Sentiero della Pace
Sierra de Gredos
Sierra de Guadarrama
Sizilien
Spessart
Steigerwald
Steirisches Weinland
Sterzing
Stubai - Wipptal
Trekking im Stubai
Stuttgart
Südafrika West
Südniedersachsen
Surselva
Sylt, Amrum, Föhr
Tannheimer Tal
Tasmanien
Hohe Tatra
Niedere Tatra
Tauern-Höhenweg
Hohe Tauern Nord
Tauferer Ahrntal
Taunus
Tegernsee - Sterzing
Tegernseer und Schlieseer Berge
Teneriffa
Tessin
Teutoburger Wald
Thüringen Mitte/Nord
Thüringer Wald
Tiroler Höhenweg
Toskana Nord, Süd
Türkische Riviera
Uckermark
Umbrien
Ungarn West
USA Südwesten
Usedom
Vanoise
Veltlin
Vía de la Plata
Via Francigena
Via Gebennensis
Vierwaldstättersee
Vinschgau
Vizentiner Alpen
Vogelsberg
Vogesen
Vogesen Mehrtages-touren
Vogesen-Durchquerung
Vogtland
Vom Gletscher zum Wein
Trekking in Vorarlberg
Wachau
Waldviertel
Wales
Oberwallis
Unterwallis
Walliser Alpen
Weinviertel
Welterbesteig Wachau
Weserbergland
West Highland Way
Westerwald
Wien
Wien - Lago Maggiore
Wiener Alpenbogen
Wiener Hausberge Nord, Süd
Wilder Kaiser
Zillertal
Trekking im Zillertal
Zürichsee
Zugspitze
Zypern Süd & Nord

Vorwort

Bei dem Begriff »Allgäu« denken viele fast automatisch an den berühmten Ferienort Oberstdorf und seine Berge. Doch das ist nur ein kleiner Teil der Landschaft mit diesem bekannten Namen. Das Allgäu reicht auch weit nach Westen, bis nach Wangen und Bad Waldsee, und im Nordwesten etwa bis Leutkirch. Das Land zwischen diesen Orten und den Höhen westlich von Kempten und Immenstadt wird im Band 3 unserer Allgäu-Wanderführerreihe vorgestellt. Nur ein kleiner Teil dieser Region liegt in den Alpen, im Hochgebirge, doch das westliche Allgäu verfügt über einen ganz besonderen Reiz. Das einst von der Viehwirtschaft geprägte Land ist eine weite, sonnige und damit freundliche Welt. Es gibt nichts Einförmiges, rasch wechseln Berg und Tal, Hügel und Mulden, freies Land, Dörfer und historische Orte, Gras, Wald, Feuchtwiesen und Moore. Einen ganz besonderen Schmuck stellen die fast allgegenwärtigen Seen und Weiher dar. Außerdem bilden die großen Berge von den Allgäuer Alpen über das Bregenzerwaldgebirge bis hin zur schweizerischen Gipfelwelt stets einen dekorativen Hintergrund.
Ein weiteres Merkmal ist die ungewöhnliche Höhe des Landes auch jenseits des Alpenraums. Hier ein paar Höhenangaben von größeren Orten: Buchenberg, 895 m; Oberreute, 857 m; Missen, 854 m; Scheidegg, 806 m; Oberstaufen, 791 m; Lindenberg, 762 m. Das Dörfchen Diepolz am Hauchenberg bringt es sogar auf 1037 m. Dies ist der Grund für den meist fehlenden Ackerbau. Am ehesten trifft man in den tiefen Lagen noch auf Felder mit Mais, der als Viehfutter angebaut wird. In einer kleinräumigen Landschaft ohne Äcker, mit wenig Wald und viel Wiesen wird das Wandern zu einem kurzweiligen Spaß. Von der richtigen Bergtour über den mittelgebirgsartigen Ausflug bis hin zum gemütlichen Bummeln ist in der beschriebenen Region alles möglich; dazu kommen noch die idealen Bedingungen für Skiwanderungen und Radtouren. Ebenso groß ist die Spannweite von bekannten, vielbegangenen Wegen bis hin zu stiller, ländlicher Idylle. Wer einmal mit Muße in dieser Landschaft unterwegs war, wird sie lieben und immer wieder kommen!

Dieter Seibert

Inhaltsverzeichnis

Schussenried
Ostrach
Aulendorf
Bad Waldsee
Pfullendorf
Altshausen
Königseggwald
Wolpertswende
Wilhelmsdorf
Fronreute
Baindt
Bergatreute
Heiligenberg
Frickingen
Berg
Baienfurt
Weingarten
Horgenzell
Ravensburg
Bavendorf
Schlier
Oberzell
Waldburg
Bermatingen
Oberteuringen
Grünkraut
Meersburg
Markdorf
Bodnegg
Amtzell
Meckenbeuren
Immenstaad am Bodensee
Tettnang
Schomburg
FRIEDRICHSHAFEN
Neukirch
Eriskirch
Kressbronn am Bodensee
Opfenbach
Langenargen
Romanshorn
Wasserburg (Bodensee)
Lindau (Bodensee)
Sigmarszell
Hörbranz
Arbon
Lochau
Bregenz
Horn
Rorschach
Hard
Goldach
Fußach
Thal
Rheineck
Lauterach
Rorschacherberg
St. Margrethen
Höchst
Wolfurt
Speicher
Berneck
Au
Schwarzach
Bodensee

Buxheim
Bellamont
Tannheim
Amendingen
Holzgünz
Westerheim
Ungerhausen
Sontheim
Füramoos
Kr.Memmingen
Memmingen
Memminger-
berg
Attenhausen
Hawangen
Frechenrieden
Hauerz
Memmingen S.
Benningen
Markt Rettenbach
Dietmanns
Aitrach
Volkratshofen
Woringen
Ottobeuren
Bad Wurzach
Kronburg
Ollarzried
Ronsberg
Seibranz
Aichstetten
Lautrach
Bad
Grönenbach
Wolfertschwenden
Zeil
Diepoldshofen
Legau
Bad
Grönenbach
Böhen
Hopferbach
Reichenhofen
Leutkirch
im Allgäu
Allgäuer Tor
Obergünzburg
Leutkirch W.
Leutkirch S.
Wuchzenhofen
Dietmannsried
Untrasried
Tautenhofen
Probstried
Herlazhofen
Altusried
Dietmannsried
Haldenwang
Gebrazhofen
Kimratshofen
Lauben
Börwang
Waltershofen
Friesenhofen
Kißlegg
Beuren
Schmidsfelden
Kempten-
Leubas
Wildpoldsried
Ratzenried
Wiggensbach
Kempten
Christazhofen
Rohrdorf
KEMPTEN
(Allgäu)
Betzigau
Neutrauch-
burg
Isny
im Allgäu
Kreuzthal
Betzigau
Eisenharz
Buchenberg
Waltenhofen
Durach
Dr.Allgäu
Eglofs
Großholzleute
Wengen
Waltenhofen
Durach
Maierhöfen
Hellengerst
Gestratz
Sulzberg
Grünenbach
Weitnau
Niedersonthofen
Rottachsee
Röthenbach
(Allgäu)
Sibratshofen
Oy-Mittelberg
Simmerberg
Willams
Diepolz
Oberdorf
Grüntensee
Nesselwang
Wertach
Stiefenhofen
Missen
Alpsee
Oberstaufen
Oberreute
Immenstadt
im Allgäu
Rettenberg
Jungholz
Thalkirchdorf
Deutsche
Alpenstr.
Burgberg
im Allgäu
Unterjoch
Blaichach
Bad
Hindelang
Weißach
Naturpark
Sonthofen
Schattwald
Riefensberg
Oberjoch
Ofterschwang
Hochgrat
Nagelfluhkette
Krumbach
Bad Oberdorf
Balderschwang
Altstädten
Hittisau
Bolsterlang
Hinterstein
Schöllang
Obermaiselstein
Fischen
im Allgäu
Sibratsgfäll

Allgemeine Hinweise

Auswahl der Touren

Dieser Wanderführer bietet Tourenvorschläge aus recht unterschiedlichen Bereichen. Der Südostteil des Gebietes gehört zum Hochgebirge, im Osten und Südwesten erinnern einige Landstriche an Mittelgebirge, während große Teile der Fläche von der weiten, waldarmen, für das Allgäu so typischen Hügelwelt bedeckt sind. Das ergibt auch drei Arten von Ausflügen: echte Bergwanderungen mit entsprechenden Anforderungen, problemlose Routen durch eine gemütliche Bauernlandschaft, die oft über Feldwege und Ortsverbindungsstraßen führen, und eine Art Mittelding zwischen diesen beiden Möglichkeiten. Außerdem sind alle Wanderungen, von drei Ausnahmen abgesehen, als Rundtouren angelegt, um sich die mühevolle Rückkehr zum Auto mit öffentlichen Verkehrsmitteln etc. zu ersparen.

Tourensteckbrief

Um die Anforderungen jeder Tour auf den ersten Blick grob einschätzbar zu machen, sind die Eckdaten jeder einzelnen Wanderung im Tourenkopf und in einem Tourensteckbrief (Kurzinfo) zusammengefasst. Dieser gibt Auskunft

Genhofen, im Hintergrund Oberstaufen und die Nagelfluhkette.

Gipfel des Rindalphorns (Tour 1).

über Ausgangspunkt und Anfahrt (Auto und Bus), Anforderungen, Gehzeit, Höhendifferenz, Einkehrmöglichkeiten, Kindereignung u. v. m. Auf die Kurzinfo folgt eine ausführliche Wegbeschreibung, ergänzt durch eine Karte mit Routeneintrag sowie ein Streckenprofil.

Gehzeiten

Hier können nur Vergleichszahlen angegeben werden! Zu unterschiedlich sind Gehtempo und Leistungsfähigkeit jedes einzelnen Wanderers. Der Au-

Symbole

(Bus)	mit Bahn/Bus erreichbar	†	Gipfel
(Besteck)	Einkehrmöglichkeit unterwegs	)(	Sattel
(Kinder)	für Kinder geeignet	(Kirche)	Kirche, Kapelle, Marterl/Bildstock
(Ort)	Ort mit Einkehrmöglichkeit	(Burg)	Burg, Schloss, Ruine
(Haus)	Einkehrmöglichkeit	(Turm)	Aussichtsturm/-platz
P	eingerichteter Parkplatz	(Tisch)	Picknickplatz
(Seilbahn)	Fahrt mit Seilbahn	(Wasserfall)	Wasserfall

tor hat sich bemüht, so objektiv wie möglich zu bewerten und alle Touren aufeinander abzustimmen. Jeder Wanderer muss jedoch selbst herausfinden, ob er im Durchschnitt länger oder kürzer unterwegs ist. Dann kann er die Zeitangaben für sich entsprechend abschätzen. Bei richtigen Bergwanderungen wird vorausgesetzt, dass man mit dem Gelände gut zurecht kommt. Der völlig Unerfahrene sollte hier also mit einem erhöhten Zeitaufwand rechnen.

Anforderungen

Im weiten Westallgäuer Hügelland trifft man auf keinerlei Schwierigkeiten mit den Wegen, es kann allenfalls ein Problem auftreten: das Sich-Zurechtfinden. Einige Routen führen durch stille und wenig besuchte Gebiete und sind dort nicht immer genau markiert oder beschildert. Der Wanderer sollte also stets aufmerksam bleiben und Routenbeschreibung und Karte genau studieren, um Irrwege zu vermeiden.

Bei allen Bergwanderungen hingegen benötigt man trotz der angelegten Steige alpines Grundwissen und passende Kleidung. Ganz wichtig ist auch

Am Argensee (Tour 43).

GPS-Tracks und Koordinaten der Ausgangspunkte

Zu diesem Wanderführer stehen auf www.rother.de GPS-Tracks und Koordinaten der Ausgangspunkte zum kostenlosen Download bereit.
8. Auflage, Passwort: 413008ags
Sämtliche GPS-Daten wurden auf einer digitalen Karte erfasst. Verlag und Autoren haben die Tracks und Wegpunkte nach bestem Wissen und Gewissen überprüft. Dennoch können wir Fehler oder Abweichungen nicht ausschließen, außerdem können sich die Gegebenheiten vor Ort zwischenzeitlich verändert haben. GPS-Daten sind zwar eine hervorragende Planungs- und Navigationshilfe, erfordern aber nach wie vor sorgfältige Vorbereitung, eigene Orientierungsfähigkeit sowie Sachverstand in der Beurteilung der jeweiligen (Gelände-) Situation. Man sollte sich für die Orientierung auch niemals ausschließlich auf GPS-Gerät und -Daten verlassen.

eine vernünftige Einschätzung von Gefahren: So sollte man bei Wetter, das sich verschlechtert, bei Gewittern usw. rechtzeitig umkehren und bei Schnee auf anspruchsvollere Ziele verzichten. Einige Bergwege führen durch leicht felsiges Gelände (etwa unter der Brunnenauscharte, Tour 1), dort sind Trittsicherheit und Schwindelfreiheit wichtig. Schließlich sollte man darauf vorbereitet sein, dass auch angelegte Steige recht verschiedene Schwierigkeiten bereiten können. Den Schwierigkeitsgrad der einzelnen Touren kann man an der Farbe der jeweiligen Tourennummer erkennen:

Leicht Der Weg ist gut bezeichnet, ausreichend breit und allenfalls mäßig steil; er lässt sich deshalb relativ gefahrlos begehen.

Mittel Die Steige sind überwiegend schmal und über kurze Abschnitte eventuell etwas ausgesetzt. Für ihre Begehung braucht man also schon einige Trittsicherheit und Geschicklichkeit. Im vorliegenden Führer wurden auch jene Wege im gefahrlosen Hügelland rot gekennzeichnet, die nicht ausreichend markiert sind oder durch nasse Moore führen.

Schwierig Die Steige sind streckenweise schmal und steil, der Weg selbst ist oft steinig. Stellenweise kann er ausgesetzt sein, manchmal ist die Zuhilfenahme der Hände notwendig. Dies bedeutet, dass nur alpin erfahrene Bergwanderer mit guter Trittsicherheit und völliger Schwindelfreiheit – und nur bei guten Bedingungen – diese Routen begehen sollten.

Mit Kindern in den Bergen und beim Wandern

Leider muss man immer wieder die gleiche Fehleinschätzung lesen: Die sanftesten und harmlosesten »Hatscher« eignen sich am besten für den Nachwuchs. Arme Kinder! Sie halten in Wirklichkeit überhaupt nichts von langen

Der Umwelt zuliebe ...

Auch beim Wandern hinterlassen wir einen ökologischen Fußabdruck, aber im Einklang mit der Natur unterwegs zu sein, ist gar nicht so schwer!

VORBEREITUNG UND ANFAHRT

- Sich vorab informieren, worauf in Bezug auf Natur und Umwelt in der jeweiligen Wanderregion besonders zu achten ist.
- Soweit möglich mit Bahn und Bus anreisen, Wander- und Rufbusse nutzen.
- Ist eine Anfahrt mit dem Auto nötig, Fahrgemeinschaften bilden.
- Bei weiten Anfahrten Mehrtagestouren planen oder von einem Quartier vor Ort aus mehrere Touren absolvieren.
- Flugreisen möglichst reduzieren und durch Beiträge zu Klimaschutzprojekten kompensieren.

KLEIDUNG UND AUSRÜSTUNG

- Beim Kauf von Outdoor-Kleidung auf umweltfreundliche und faire Herstellung achten und Kleidungsstücke möglichst viele Jahre nutzen.
- Ausrüstung kann man eventuell auch gebraucht kaufen oder ausleihen.
- Reparieren statt neu kaufen.

VERPFLEGUNG

- Beim Einkauf Bio-Ware, regionale und saisonale Erzeugnisse bevorzugen.
- Hütten und Gasthäuser auswählen, die regionale Produkte verwenden.
- Auf Einwegflaschen und Plastikverpackungen verzichten, stattdessen wiederverwendbare Trinkflaschen und Brotzeitboxen benutzen.

ÜBERNACHTUNG

- Bei lokalen Anbietern buchen, damit Menschen vor Ort profitieren.
- Auf Hütten und in anderen Unterkünften Strom und Wasser sparen.

UNTERWEGS

- Wege benutzen und Abkürzer vermeiden.
- Sperrungen von Wegen und Schutzgebieten respektieren.
- Keine Blumen pflücken und keine Pflanzen entnehmen.
- Waldbrandgefahr beachten.
- Müll wieder mit nach Hause nehmen und dort entsorgen.
- Toilettengänge in freier Natur möglichst vermeiden.
- Lärm vermeiden.
- Hunde an die Leine nehmen.

ROTHER
BERGVERLAG

und womöglich noch recht einförmigen Märschen. Sie wollen auch unterwegs spielen. Das Gebirge bietet ihnen herrliche Möglichkeiten: Wildbäche, Bergseen, Blockfelder und kleine Felsen, umgestürzte Bäume und Schneeflecken …
Je kürzer der Weg in solche Spielparadiese ist, desto zufriedener zeigen sich die Kinder. Die Eltern sollten ihre Fantasie spielen lassen, um ideale Möglichkeiten auszuknobeln. Hier ein paar Beispiele aus dem Bereich dieses Führers: Fahrt mit der Hochgratbahn, Tour zum Seelekopf, zurück mit der Bahn (s. Tour 2); zum Eibelesfall bei Aach (s. Tour 4); von Buchenegg zu den Buchenegger Wasserfällen (s. Tour 5); von Berg auf den Kapf bei Oberstaufen (s. Tour 8); von Helen in den Rohrbachtobel südlich von Buchenberg (s. Tour 16); auf den Blender bei Wiggensbach (s. Tour 18); von Untertrogen bei Weiler zum Enschenstein (s. Tour 21); Scheidegger Wasserfälle (s. Touren 22 u. 23); vom Viadukt bei Grünenbach in den Eistobel (s. Tour 30); der Zusammenfluss der Argen (s. Tour 41) und die Weiher bei Wolfegg (s. Tour 44).

Unterhalb der Kreuzleshöhe (Tour 19).

Zu entscheiden, ob eine Wanderung »kindgerecht« ist oder nicht, ist objektiv kaum möglich. Neben dem Alter sind Faktoren wie Wanderbegeisterung oder Sicherheit am Berg zu berücksichtigen, die individuell mehr oder minder stark ausgeprägt sind. Während die Gratwanderung über die ausgesetzten Nagelfluhgrate am Hochgrat (Tour 2) für das eine Kind eine spannende Herausforderung darstellt, mag ein weniger sicheres Kind – mit womöglich etwas nervösen Eltern – auf dieser Tour völlig überfordert sein.
Letztlich muss jeder selbst für sich und seinen Nachwuchs entscheiden, ob eine Tour passt. Bei den mit dem »für Kinder geeignet«-Symbol markierten Touren in diesem Buch handelt es sich um Wanderungen, die eher leicht, in der Regel eher kurz und möglichst abwechslungsreich sind, z. B. mit Almhütten oder Wasser unterwegs.

Wanderkarten

Zusätzlich zu den Wanderkärtchen, die auf den Tourenseiten zu finden sind, ist folgendes Kartenmaterial empfehlenswert:

- Landesamt für Vermessung und Geoinformation: UKL 11 »Lindau-Oberstaufen« im Maßstab 1:50 000 (www.lvg.bayern.de) – für Touren 1–41, alles südlich von Kißlegg.

Top-Touren im Wandergebiet

Hochgrat und Rindalphorn

Auf die beiden höchsten Gipfel der Region mit großartigem Panorama (Tour 1; 4 Std.).

Die Vier-Gipfel-Tour

Spannende Gratwanderung über exponierte Nagelfluhgipfel (Tour 2; 4 Std.).

Der lange Gratweg

Über Salmaser Höhe und Thaler Höhe von Oberstaufen zum Alpsee (Tour 11; 5.30 Std.).

Rundtour am Hauchenberg

Über stille Bergkämme nördlich von Immenstadt (Tour 14; 4.15 Std.).

Hochsträß und Hausbach

Weites Bregenzerwald-Panorama und die idyllische Hausbachklamm (Tour 20; 4 Std.).

Waldsee und Wasserfälle

Stille Wege mit vielen Wasser-Highlights (Tour 22; 4 Std.).

Zwischen Scheidegg und Pfänder

Überraschende Fernblicke am westlichen Rand des Allgäus (Tour 26; 3.15 Std.).

Eistobel und Riedholzer Kugel

Eindrucksvolle Wanderung in den Eistobel und das malerische Tal der Oberen Argen (Tour 30; 3.30 Std.).

Im Tal der Unteren Argen bei Isny

Bewaldete Höhenzüge, stille Weiher und verwunschene Moore nördlich von Isny (Tour 34; 4.15 Std.).

Höhen und Täler bei Ratzenried

Aussichtsreiche Wiesenwanderung rund um die Burgruine Ratzenried (Tour 39; 3.15 Std.).

- Landesamt für Geoinformation und Landentwicklung: F 530 Freizeitkarte »Wangen im Allgäu« im Maßstab 1:50.000 (www.lgl-bw.de) – für das gesamte Wandergebiet bis auf die Touren südlich einer Linie Immenstadt-Oberstaufen.

Anreise

Auto: Die Autobahn A 7 Ulm–Allgäu und ihr kurzer Ast vom Dreieck Allgäu nach Weitnau erschließen die Region von Norden und Osten. Die Autobahn A 96 Memmingen – Leutkirch – Wangen – Lindau führt in den westlichen Teil der Region. Wer von Westen anreist, ist hingegen auf die Bundesstraßen angewiesen (etwa Sigmaringen – Saulgau – Ravensburg).
Bahn: Die (Nord-Süd-)Strecke Memmingen – Leutkirch – Kißlegg – Lindau wird etwa zweistündlich von der Bahn bedient, die (Ost-West-)Strecke Kempten – Immenstadt – Oberstaufen – Lindau stündlich.
Busverbindungen finden sich online unter:

- www.bodo.de: Bodensee-Oberschwaben Verkehrsverbundgesellschaft (hauptsächlich für den baden-württembergischen Teil):
- www.rba-bus.de: Regionalbus Augsburg (hauptsächlich im bayerischen Teil).

Folgende Doppelseite: Westallgäu bei Oberreute. Rechts: Wangen, historische Altstadt.

Wichtige Telefonnummern und Adressen

Tourismus-Informationen

Allgäu GmbH, Allgäuer Straße 1, 87435 Kempten, Tel: +49 8323 8025931 (Service-Hotline), www.allgaeu.de

Westallgäu Tourismus e. V., Museumsplatz 1, 88161 Lindenberg, Tel. +49 8382 270433, www.westallgaeu.de

Notrufnummern

Europäische Notrufnummer: 112

Alpin-Notrufnummer (Bergrettung in Österreich): 140

Wetterberichte

Deutscher Alpenverein (DAV), www.alpenverein.de

Deutscher Wetterdienst (DWD), www.dwd.de (Regionen-Vorhersage für Bayern und Baden-Württemberg)

Bei vielen der in diesem Buch beschriebenen Touren ist die Anreise mit öffentlichen Verkehrsmitteln möglich, allerdings ist dabei oft etwas Geduld gefragt. Grundsätzlich lässt sich sagen, dass auf den Hauptstrecken zwischen den größeren Orten etwa alle 1 bis 2 Std. ein Bus fährt, während der Busverkehr in den »ländlichen« Gebieten hauptsächlich dem Schülertransport dient; das heißt, dass der ohnehin schon recht dünne Fahrplan am Wochenende und während der Schulferien kaum für Wanderungen zu gebrauchen ist.

Von Oberstaufen bis Buchenberg

Zwischen Oberstaufen und Wiggensbach ist der Wanderer in einem Gebiet unterwegs, das höher und alpiner ist als die anderen Bereiche, die in diesem Wanderführer vorgestellt werden. Mit 1832 m ragt der Hochgrat am mächtigsten empor, er bildet den Mittelpunkt einer echten Hochgebirgslandschaft, die ihr eindrucksvolles Aussehen durch viel Fels gewinnt. Die Touren in diesem Bereich sind deshalb ausgesprochene Bergwanderungen, die mehr Erfahrung und eine bessere Ausrüstung erfordern. Die im Norden folgenden Kämme, etwa die Salmaser Höhe und der Hauchenberg, bringen es zwar noch auf die stattliche Höhe von 1254 m, wirken mit ihren runden Formen aber doch ungleich sanfter. Hier führen die meisten Routen über Alp- und Forstwege, und es gibt nahezu keine problematischen Stellen. Der schmale Gebietsstreifen, der in diesem Kapitel behandelt wird, folgt in etwa der europäischen Wasserscheide, die hier weit nach Norden abbiegt. So fließt in Kalzhofen nahe Oberstaufen ein Teil des Regenwassers in die Untere Argen, also in den Bodensee und über den Rhein weiter in die Nordsee, der andere Teil in die Iller und durch die Donau ins Schwarze Meer. Unsere Touren verlaufen also im Bereich dieser großen Wasserscheide.

Hochgratgipfel (Tour 1).

Touristeninformationsstellen in der Region

Tourist-Info Buchenberg, Rathaussteige 2, 87474 Buchenberg, Tel. +49 8378 9202-22, www.buchenberg.de.
Gemeinde Missen-Wilhams, Hauptstr. 45, 87547 Missen, Tel. +49 8320 456, www.missen-wilhams.de.
Oberstaufen Tourismus, Hugo-von Königsegg-Str. 8, 87534 Oberstaufen, Tel. +49 08386 9300-0, www.oberstaufen.de.
Tourist Information Steibis, Im Dorf 22, 87534 Oberstaufen-Steibis, Tel. +49 8386 8103, www.steibis.de.
Tourismusbüro Weitnau, Hohenegg-str. 25, 87480 Weitnau, Tel. +49 8375 9202-41, www.weitnau.de.
Touristinfo Wiggensbach, Marktplatz 3, 87487 Wiggensbach, Tel. +49 8370 9200-0, www.wiggensbach.de.

Buchenberg, 895 m

Dieser Ort liegt hoch über Kempten und der Iller an besonders schöner Stelle mit freiem Blick in die Allgäuer Alpen. Gleich über den Häusern ragt der 950 m hohe Buchenberg auf; er bietet ein herrliches Panorama. Bauernwiesen mit Weilern und Einzelhöfen ziehen sich nach Nordwesten zum Eschacher Weiher und zum Fuß ausgedehnter Waldgebiete empor. Schon jenseits der Wasserscheide versteckt sich in diesen Wäldern der Ortsteil Kreuzthal unmittelbar an der Grenze zu Württemberg. – Freizeitanlage am Moorweiher, Bademöglichkeit am Eschacher Weiher in 1000 m Höhe, Schwimmbad in Kreuzthal. Sehr schöne, schneesichere Loipen, Lifte bei Eschach und Kreuzthal.

Missen-Wilhams, 854 m

Der zentrale Ort Missen liegt im wiesenreichen Tal der Unteren Argen. Im Gemeindegebiet findet man Dörfer und Weiler, die zu den höchstgelegenen in Deutschland gehören wie Wiederhofen, 986 m, Aigis, 911 m, und Börlas, 959 m. Die hohe und damit relativ schneesichere Lage lockt die Wintergäste auf die Loipen und Pisten, während im Sommer das teilweise einsame Berg- und Hügelland – mit vielen herrlichen Ausblicken – zu ausgedehnten Wanderungen einlädt. – Geheiztes Schwimmbad in Missen, Ferienwohnpark mit Hallenbad in Wilhams.

Oberstaufen, 791 m

Der von pulsierendem Leben erfüllte Ferien- und Wintersportort liegt malerisch in einer Art Sattel 100 m über dem Tal der Weißach, das nach Norden in eine stark gegliederte, von Wiesen bedeckte Hügellandschaft übergeht. Seinen weitum bekannten Namen aber erlangte Oberstaufen als Schroth-Kurort; es gibt alle entsprechenden Einrichtungen und eine Fülle von exklusiven Geschäften, Gaststätten etc. Zu der Marktgemeinde gehören auch die Orte Steibis, Aach, Thalkirchdorf und weitere Dörfer und Weiler. Sogar der höchste Berg der Region, der Hochgrat, 1832 m, liegt auf Gemeindeboden. – Gotische Kapelle im Dörfchen Zell mit bemerkenswerten Fresken von 1440 und alten Altären. »Aquaria«, großes Panoramabad mit mehreren Becken, zudem Hallenbad in Steibis. Eine Gondelbahn am Hochgrat, zwei Sesselbahnen, 25 Skilifte, zahlreiche Loipen.

Weitnau, 797 m

Die Marktgemeinde Weitnau umschließt die beiden Hochtäler nördlich und südlich des langgestreckten Sonnenecks, in denen viele Dörfer und Weiler wie Seltmans, Sibratshofen, Kleinweiler, Wengen, 798 m, Rechtis, 969 m, und Hellengerst, 949 m, zu finden sind. Diese Täler bilden freundliche, von Wiesen überzogene Mulden (das Wort Weitnau kommt von weite Aue), die fast rundum von den bis über 1200 m hohen, in den oberen Regionen meist waldüberzogenen Bergen umgeben sind. Die Gemeinde liegt auf histori-

Wiesenweg am Blender (Tour 18).

schem Boden, nämlich in der ehemaligen Herrschaft der Waldburg zu Trauchburg (Ruine Alttrauchburg) und der Hohenegg (Ruinenreste oberhalb des Eistobels). Lange gehörte Weitnau-Hohenegg zu Vorarlberg, erst 1806 kam es zu Bayern. – Schöne, wegen der hohen Lage schneereiche Loipen, kleinere Lifte.

Wiggensbach, 857 m

Der stattliche Markt mit seinem schmucken Ortszentrum (mit hübscher Barockkirche) liegt westlich oberhalb von Kempten. Vor allem das Gemeindegebiet im Westen und Norden des Ortes präsentiert sich als Allgäu-Landschaft wie aus dem Bilderbuch: eine stark gegliederte Kuppenwelt mit vielen Wiesenflächen, wenig Wald, sich schlängelnden Bächen und überall verstreuten Weilern und Höfen bis in 980 m Höhe. Freibad, 27-Loch-Golfplatz in 1000 m Höhe. Mehr als 20 km Loipen in interessantem Gelände.

TOP 1

Hochgrat, 1832 m, und Rindalphorn, 1822 m

4.00 Std.

Die höchsten Gipfel der Region

In weiten Teilen des westlichen Allgäus beherrschen Hochgrat und Rindalphorn, zwei behäbig breite Berge, den Horizont im Süden. Diese beiden von Felsstreifen gebänderten Gipfel ragen mächtig über ihre Nachbarn empor. Jeder kann sich das großartige Panorama von dort oben ausmalen. Dazu zählen nicht nur weite Teile des Alpenvorlandes bis hinaus nach Wangen, sondern auch ein Meer von Bergen in Deutschland, Österreich und der Schweiz. Je näher man den beiden Gipfeln kommt, desto interessanter wird auch deren Aussehen. Die Nordflanken sind nämlich von zahlreichen, senkrecht abstürzenden, manchmal sogar bauchigen Wandstreifen waagerecht durchzogen; so wirken die Berge wie quergestreift.

Ausgangspunkt: Talstation der Hochgratbahn, 856 m. Von Oberstaufen Richtung Steibis und Hochgratbahn, etwa 8 km; großer Parkplatz an der Talstation; Bushaltestelle »Hochgratbahn«, Busse vom Bhf. Oberstaufen etwa alle 90 Min. (Navi: 87534 Oberstaufen, Lanzenbach 5).

Hochgratbahn: Betriebszeiten Mitte Juni bis Mitte Nov., 08:30–16:30 Uhr, Tel. +49 8386 8222, www.hochgratbahn.de, Talstation 856 m, Bergstation 1708 m.

Höhenunterschied: 340 m ↑, 1180 m ↓.

Anforderungen: Bergwege in teilweise steilem Gelände, bei Nässe unangenehm, Trittsicherheit notwendig. Beim Wandern mit Kindern Vorsicht am Grat.

Einkehr: Bergrestaurant, 1708 m (an der Bergstation); Simatsgundalpe im Tal.

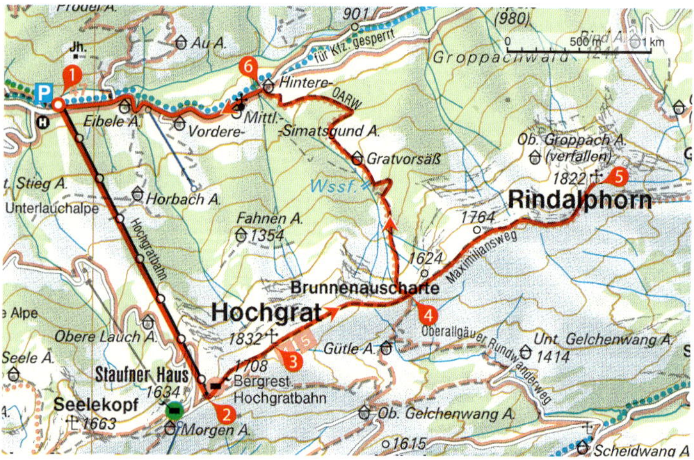

Hochgratbahn-Bergstation und Bregenzerwald.

Von der **Talstation (1)** mit der Kleinkabinenbahn hinauf zur **Bergstation (2)** in 1708 m Höhe. Dort auf einem breit ausgetretenen Weg zum Gipfel des **Hochgrats (3)**, 1832 m. Nun den Menschentrubel hinter sich lassend über den ausgeprägten Grat, der nach Norden mit Felsen, nach Süden mit steilem Gras abdacht, auf eine Gratecke hinaus. Von dort besonders malerischer Blick auf das Rindalphorn mit seinen auffallenden Felsfluhen. Hinab in die **Brunnenauscharte (4)**, 1628 m. In gemütlichem Grasgelände empor zu einem Vorgipfel und über den Grat an das letzte Massiv. An einem Kopf vorbei und über ein paar steile, etwas ausgesetzte Meter auf den nach Norden vorspringenden Gipfel des **Rindalphorns (5)**, 1822 m.

Zurück in die **Brunnenauscharte (4)**. Nach Norden über eine sehr steile Stufe (Drahtseile) in eine begrünte Mulde, die von Felsen überragt ist. Immer rechts bleibend, dabei ein paar Felsfluhen umgehend, über Gras, zwischen Buschwerk und Bäumen hinab zum Vorsäß. Über Matten und eine letzte Waldstufe in den **Simatsgund (6)** im Weißachtal. An einigen Alphütten und der St. Rochuskapelle vorbei auf der Straße noch etwa 1½ km talaus zur **Talstation (1)** der Hochgratbahn.

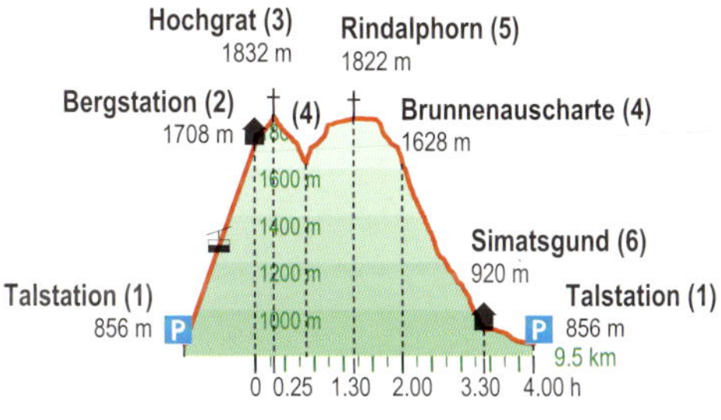

TOP 2

Die Vier-Gipfel-Tour

4.00 Std.

Über die westliche Nagelfluhkette

Hochgrat und Rindalphorn heißen die höchsten Gipfel der Nagelfluhkette, sie überragen ihre Umgebung um ein gutes Stück. Nach Westen setzt sich der Grat sozusagen ein Stockwerk tiefer fort. Dort ist alles etwas sanfter, die Felsfluhen, die auch hier die Nordflanken schmücken, sind nicht ganz so hoch, die Fichten stehen teilweise auch auf der Gratschneide. Trotzdem ist auch die Überschreitung dieses Grates schön und abwechslungsreich. Ein paar Felsen auf dem ersten Wegabschnitt erfordern sogar etwas Trittsicherheit.

Ausgangspunkt: Talstation der Hochgratbahn, 856 m. Von Oberstaufen Richtung Steibis und Hochgratbahn, etwa 8 km; großer Parkplatz an der Talstation; Bushaltestelle »Hochgratbahn«, Busse vom Bhf. Oberstaufen etwa alle 90 Min. (Navi: 87534 Oberstaufen, Lanzenbach 5).
Hochgratbahn: Siehe Tour 1.
Höhenunterschied: 350 m ↑, 1190 m ↓.
Anforderungen: Bergwege in tlw. steilem, manchmal leicht felsigem Gelände, Trittsicherheit nötig, bei Nässe sind die Nagelfluhfelsen unangenehm rutschig.
Einkehr/Übernachtung: Staufner Haus, 1634 m (AV-Hütte, 86 Schlafplätze, Tel. +49 8386 8255); Falkenhütte, 1439 m; Obere Stiegalpe, 1178 m; Unterlauchalpe, 1000 m.
Variante: Wer lediglich eine ganz gemütliche Alpwanderung unternehmen will, der steigt auf unserem Abstiegsweg zur Falkenhütte hinauf (knapp 2 Std. Aufstieg).

Von der **Talstation (1)** mit der Bahn zur **Bergstation (2)** in 1708 m Höhe, dann auf einem breit ausgetretenen Weg zum Gipfel des **Hochgrats (3)**, 1832 m, hinauf. Wieder zurück zur Bergstation und weiter auf dem Grat nach

Staufner Haus und Seelekopf.

Westen – das **Staufner Haus** bleibt rechts unterhalb – und auf einer Leiter über eine kleine Felsfluh in den tiefsten Sattel hinab. Nun rasch wieder aufwärts über den teilweise ausgeprägten Grat auf den **Seelekopf (4)**, 1663 m. Erneut abwärts in eine Scharte und, meist südlich der Schneide, um einige Felszacken herum auf den **Hohenfluhalpkopf (5)**, 1636 m. Noch einmal in einen Sattel hinab, dann längs des langgestreckten Grates auf den **Eineguntkopf (6)**, 1639 m. Weiter nach Westen und über eine breite Alpmatte zur bereits sichtbaren **Falkenhütte (7)**. Nach Norden über eine steilere Stufe abwärts zur nächsten Wegverzweigung. Hier rechts hinüber zur bewirtschafteten **Oberen Stiegalpe (8)**. An der ebenfalls bewirtschafteten **Unterlauchalpe** vorbei über freie Weideflächen hinaus ins Tal der Weißach und rechts auf der Straße in wenigen Minuten zurück zur **Talstation (1)** der Hochgratbahn.

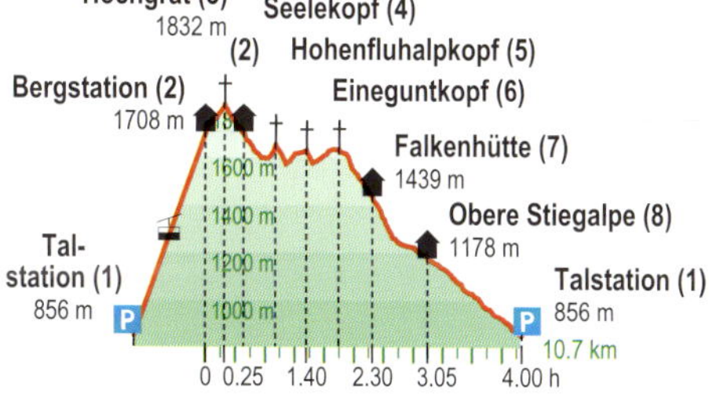

3 Über die Fluh, 1391 m, bei Hagspiel

3.30 Std.

Wanderung über einen vorgelagerten Bergkamm

Nordwestlich des Hochhädrichs zieht sich ein schnurgerader, ganz schmaler, 4 km langer Bergkamm hin. Auf der Nordseite begleiten kleine Felswände die Schneide, und so entstand der passende Name Fluh. Über den Kamm führt ein ausgesprochen reizvolles und abwechslungsreiches Steiglein. Aber auch die wellige Wiesenlandschaft von Hagspiel – die wenigen, weit verstreuten Höfe liegen bis zu 400 m über der Weißach! – hat ihren Reiz.

Ausgangspunkt: Kapelle von Hagspiel, 950 m. Von Aach (5 km südwestlich von Oberstaufen) auf kräftig steigendem Bergsträßchen 3 km zur Kapelle am äußeren Rand eines weiten Bodens. Sehr schöner Blick, kleiner Parkplatz (Navi: 87534 Oberstaufen, Hagspiel 4).
Höhenunterschied: 480 m.
Anforderungen: Meist Fußwege, teilweise schmal und unauffällig, deshalb etwas Orientierungsvermögen und Aufmerksamkeit notwendig.
Einkehr: Gasthof Dreiländerblick in Hagspiel, 985 m; Berggasthaus Hochlitten, 986 m; Berggasthof Vordere Fluh, 1190 m.
Variante: Abstecher vom Steinernen Tor über den Grat zum Kojenstein, 1300 m (ca. 40 Min. zusätzlich).

Kapelle bei Hagspiel.

Von der **Kapelle (1)** zum nahen **Gasthof Dreiländerblick**. Dort nach rechts und vor einem Hof erneut rechts zum Bach. Über die Grenze zum Parkplatz an den Hochlittenliften und zur Teerstraße. Bei der ersten Abzweigung kurz danach links empor und am auffallenden **Gasthaus Hochlitten (2),** 986 m, vorbei zu einer Verzweigung. Nun rechts fast eben über den Jagdbach und nach **Elmauen (3)**. Von dort entweder auf der Forststraße oder schöner auf einem etwas undeutlichen, aber markierten Steig zur Oberen Nollenalpe und weiter in das **Steinerne Tor (4)**, eine scharf eingeschnittene Lücke im hier leicht felsigen Fluhgrat. Hier öffnet sich ein überraschender Blick in das Hochhädrichgebiet. (Möglicher Abstecher rechts über den Grat zum **Kojenstein** mit herrlicher Aussicht.).

Am Steinernen Tor links und oben auf dem Grat (mal Wald, mal Wiese) nach Nordosten zum höchsten Punkt der **Fluh (5)**, 1391 m. Noch ein Stück über den Grat, dann auf der Piste steil hinab und nach links zum Berggasthaus Fluh auf der **Vorderen Fluhalpe (6)**.

Auf breitem Viehweg ein wenig aufwärts Richtung Hintere Fluhalpe zum nächsten Boden mit Wegweiser. Rechts auf etwas undeutlichem Steig über eine kleine Kuppe, dann hinab zu den Wiesen von Hagspiel und nach links auf dem Fahrweg zurück zur **Kapelle (1)**.

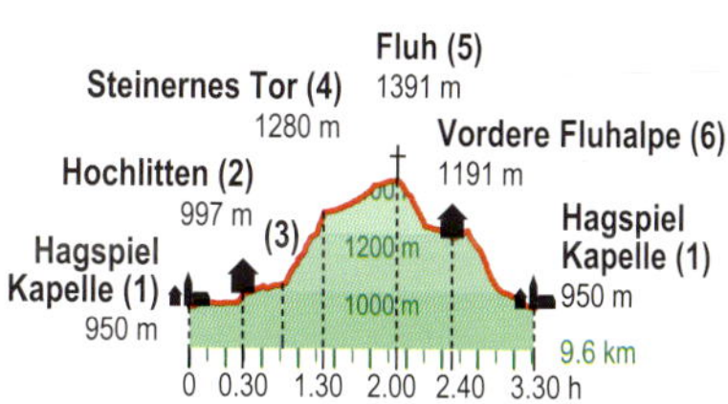

4 Von der Eibelesmühle nach Sulzberg

3.00 Std.

Wasserfälle, Bauernwiesen und ein herrliches Panorama

Oben auf einem Rücken von gut 1000 m Höhe thront das Vorarlberger Dorf Sulzberg in herrlich freier Lage mit großartigem Panorama! Der Aufstieg nach Sulzberg beginnt bei einem echtem Kleinod, den Eibelesfällen. Die Route führt dann über freie Bauernwiesen mit weit verstreuten Höfen sanft aufwärts, wobei der Blick rasch immer weiter und schöner wird.

Ausgangspunkt: Eibele, 675 m. Von Oberstaufen über Weißach bis Krebs (1 km vor Aach). Hier rechts über die Weißachbrücke (unterhalb der Krebsfall, der jedoch oft ohne Wasser ist) nach Eibele. Parkplatz im Dorf (Navi: 87534 Oberstaufen, Paradiesweg 17).
Höhenunterschied: 350 m.
Anforderungen: Von Autostraßen über Feldwege bis zu Fußsteigen, mittlere Steigung, keine anspruchsvollen Stellen.
Einkehr: Gasthöfe in Sulzberg.

Weites Panorama von Sulzberg über den Bregenzerwald.

Vom **Parkplatz (1)** an der **Mühle** vorbei zu den **Wasserfällen (2)**. Über die Brücke und über die Grenze zu einem Fahrweg. Auf ihm rechts empor zum Oberende der Wasserfälle. Bei der Verzweigung kurz danach links und in einem Bogen zum zweiten Hof. Halbrechts unmittelbar über die Wiese zu einem Durchlass, dann gerade empor zum nächsten Hof. Nun wieder auf einem Fahrweg nach **Halden** und **Glafberg (3)**, 810 m. Im spitzen Winkel nach rechts, bald danach wieder links und ziemlich gerade aufwärts über Wiesen, dann zwischen Bäumen hindurch

Eibelesfall.

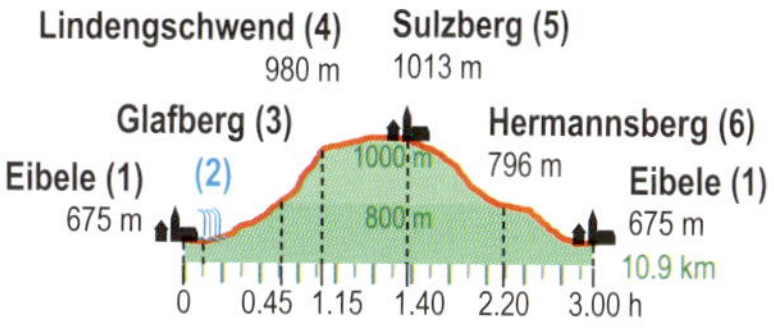

und schließlich links hinüber nach **Lindengschwend (4)**. Über die Hänge auf den Bergrücken und ein wenig wieder abwärts nach **Sulzberg (5)**. Auf dem gleichen Weg zurück oder zur Abwechslung auf folgender Route: 1,1 km auf der Straße Richtung Riefensberg abwärts bis zu einer scharfen Kurve vor dem Waldrand. Hier geradeaus weiter auf kleinem Weg über Lichtungen und durch Wald nach **Hermannsberg (6)**. Wieder 400 m auf der Straße, dann geradeaus über die Wiesen, später im Wald abwärts. Dort trifft man erneut auf die Straße. Bei der Verzweigung links und zurück nach **Eibele (1)**.

5 Hündlekopf, 1112 m, und Buchenegger Wasserfälle

3.30 Std.

Idyllische Alpflächen und schäumendes Wasser

Ein weiter Blick vom Hündlekopf, ein idyllisch abgeschiedenes Alptal beiderseits des Mittelbachs und die freien, hügeligen Höhen von Buchenegg bilden die Akzente dieser Wanderung. Der besondere Höhepunkt jedoch ist der Besuch der Buchenegger Wasserfälle: In freiem Fall stürzt die sehr wasserreiche Weißach in einen weiten Felskessel mit senkrechten Wänden aus Nagelfluh. Liebevoll angelegte Steige führen dort an die schönsten Stellen.

Ausgangspunkt: Talstation der Hündlebahn, 770 m. Von Oberstaufen auf der B 308 etwa drei Kilometer Richtung Immenstadt, Bushaltestelle »Hündlelift«; Busse zwischen Oberstaufen und Immenstadt etwa im Stundentakt (Navi: 87534 Oberstaufen, Hinterstaufen 10).
Hündlebahn: Betriebszeiten Anf. Mai bis Anf. Nov., 9–16:30 Uhr, Tel. +49 8386 8112, www.huendle.de, Talstation 770 m, Bergstation 1050 m.
Höhenunterschied: 250 m ↑, 550 m ↓.
Anforderungen: Angenehmer Fuß- und Alpweg, ab Buchenegg kleine Teerstraße.
Einkehr: Gaststätte an der Bergstation, 1050 m; Obere Hündlealpe, 1070 m; Seppl's Gartenwirtschaft in Buchenegg, 839 m; Hubertusstube in Hinterstaufen, Gaststube an der Talstation.
Variante: Kurz vor der Ochsenschwandalpe links zur Sonnhalde und talaus zur Weißach. Gegenüber empor, vor der Hauptstraße aussichtsreich rechts zwischen ein paar Häusern hindurch, anschließend hinab zur Eisernen Brücke und weiter wie beschrieben (30 Min. zusätzlich).

Wanderweg über dem Konstanzer Tal; Alpsee.

Von der **Talstation (1)** mit der Gondelbahn zur **Bergstation (2)**, 1045 m. Nach Osten zur Hündlealpe auf einer Schulter und nach Süden auf den **Hündlekopf (3)**, 1112 m. Nun immer auf dem meist freien Kamm über den etwas höheren Östlichen Hündlekopf zur **Hochsiedel- (4)** und hinab zur **Moosalpe (5)**. Kurz vor der Alpe im spitzen Winkel nach rechts über die Wiese zu einem Graben und rechts des Baches im Wald zur **Ochsenschwandalpe (6)**, 905 m. Auf dem Alpsträßchen die stark gegliederten Weidehänge und einen Tobel querend zu einem kleinen Parkplatz. Auf steilem Steig durch lichten Wald 110 Hm hinab zur Eisernen Brücke und hinein in den eindrucksvollen Kessel mit den **Buchenegger Wasserfällen (7)**, 770 m, Aussichtskanzel am Gegenhang. Wieder empor zum »Kleinen Parkplatz«. Von dort auf dem Teersträßchen in weitem Bogen nach **Buchenegg (8)** und weiter über die Wiesen von Ifen nach **Hinterstaufen**. Am Fuß des Viadukts gehen wir rechts auf einem Fußweg zum Ausgangspunkt an der **Talstation (1)**.

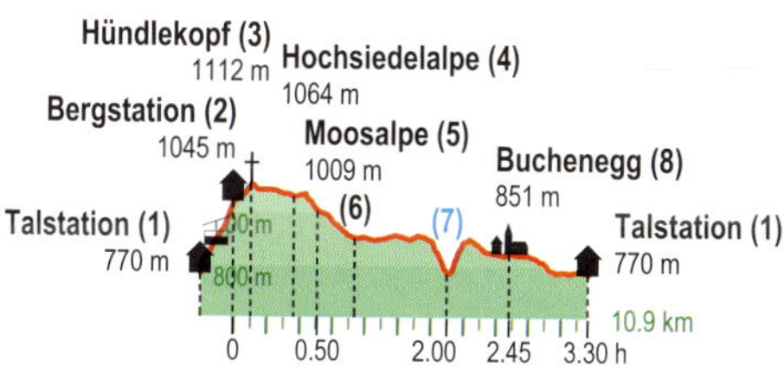

6 Am Vorderen Prodel

4.45 Std.

Stiller Grat über dem Konstanzer Tal

Prodel nennt man den kilometerlangen Bergkamm zwischen der Nagelfluhkette und dem Tal Alpsee–Oberstaufen. In die scheinbar durchgehend bewaldete Nordflanke des Kammes sind auf halber Höhe weite, herrlich freie Weideflächen eingelagert, ein ideales Gebiet zum Bummeln und Faulenzen. Wer jedoch mehr unternehmen will, steigt durch den steilen Wald hinauf zum von Wiesen überzogenen Kamm und besucht den Denneberg, dessen runder Grasschopf schon von Weitem ins Auge fällt.

Ausgangspunkt: Thalkirchdorf, 741 m, ca. 5 km östlich von Oberstaufen. Von der B 308 in den Ort, dort 250 m geradeaus, dann nach rechts abbiegen und in westlicher Richtung bis hinter das letzte Haus, Parkplatz. Busse zwischen Oberstaufen und Immenstadt etwa im Stundentakt, Haltestelle »Thalkirchdorf« (Navi: 87534 Oberstaufen-Thalkirchdorf, Kirchdorfer Str. 24).
Höhenunterschied: 700 m.

Anforderungen: Alpstraße und Fußweg bei der kleinen Rundtour, beim Aufstieg zum Denneberg Pfad im Steilgelände.
Einkehr: Brotzeitstüble Schwändle (in der Karte Schwandalpe), 936 m; Moosalpe, 1009 m. Café und Ghs in Thalkirchdorf.
Varianten: 1) Kleine Runde ohne Aufstieg zum Prodelkamm: Von der Herrebergalpe direkt zur Moosalpe und an der Schwandalpe vorbei zurück nach Thalkirchdorf. – 2) Vom Kamm (1347 m) Abstecher über den Grat nach Osten steil hinauf auf den Vorderprodel, 1470 m, mit schönem Tiefblick auf den Alpsee (etwa 30 Min. zusätzlich).

Vom **Parkplatz (1)** kurz zurück in Richtung Ort, dann rechts zwischen den Häusern zum Wald- und Bachrand. Auf dem geteerten Alpsträßchen empor (die erste Kehre auf einem Fußweg abschneidend) zum **Brotzeitstüble Schwändle (2)** und noch 350 m weiter. Nun links auf einem Fußweg im Auf und Ab in den Schmidstobel und drüben empor auf die Weideflächen bei der Rotholzalpe (in der Karte Ratholzalpe). Auf dem Alpweg über weite Wiesen (die Bärenschwändlealpe bleibt links) zum Fuß des Vorderen Prodels bei der **Herrebergalpe (3)**. Dort wenige

Konstanzer Tal und der Grat des Vorderen Prodel; dahinter die Nagelfluhkette.

Schritte links und – vor der Hütte – gleich wieder rechts, auf den Hang zu und im Buchenwald in vielen Serpentinen steil hinauf bis zum **Kamm** (1347 m). Dort öffnet sich der Blick auf das Weißachtal und die lange Nagelfluhkette mit den hohen Nordwänden von Rindalphorn und Hochgrat direkt gegenüber. Nun rechts und auf breitem Weg über die offenen und im Kontrast zum steilen Nordhang erstaunlich sanften Weiden hinauf zum höchsten Punkt der Tour, dem **Denneberg (4)**, 1427 m.
Noch einige Meter westwärts, dann beginnt der Abstieg durch die Nordseite. Erneut in vielen Kehren durch den streckenweise sehr steilen, bewaldeten Hang. Schließlich geht der Wald in offene Weidelichtungen über, und aus dem Wanderweg wird ein kleines Alpsträßchen. Vorbei an der **Oberen Mittelbergalpe (5)**, 1186 m, und der Söflingerhütte (Untere Mittelbergalpe) gelangen wir über Wald- und Wiesenhänge zur **Moosalpe (6)**, 1009 m, und etwas weiter zum **Brotzeitstüble Schwändle (2)**, 936 m. Von dort auf dem vom Aufstieg bekannten Weg hinab zum **Parkplatz (1)** bei Thalkirchdorf.

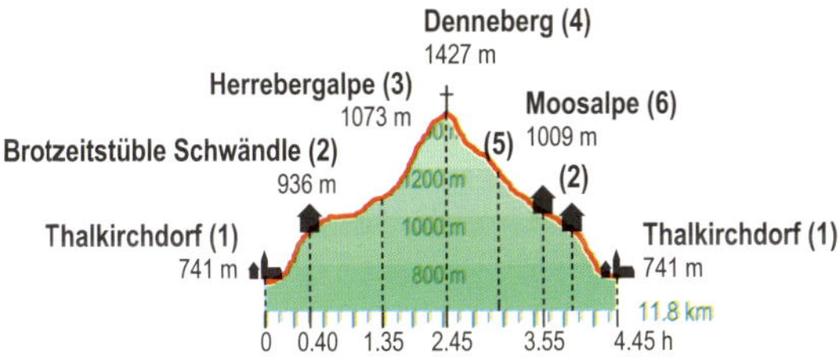

7 Steil über dem Alpsee

3.30 Std.

Reizvolle Landschaft zwischen Immenstädter und Gschwender Horn

Schaut man vom Alpsee zu den Gipfeln von Immenstädter und Gschwender Horn hinauf, dann ahnt man nichts von den kleinen, versteckten Schönheiten dort oben. Man sieht nur steile Gras- und Waldhänge. In Wirklichkeit wartet das engräumige Gebiet um den Gschwender Bach mit kleinen Wasserfällen auf, mit freien Alpmatten, einem faszinierenden Tiefblick auf den Alpsee und mehreren Alphütten. Als besondere Attraktion gibt es zudem im »Kessel« idyllische, von Minifelsfluhen und Baumreihen eingefasste Anger mit üppigem Blumenschmuck im Frühsommer.

Ausgangspunkt: Bühl, 743 m, westlicher Ortsteil von Immenstadt. Abzweigung nahe der Kirche in Bühl, empor nach Rieder, Wegbeginn beim letzten Haus auf der linken Seite, 816 m. Beschränkte Parkmöglichkeit (Parkplatz in Gschwend, 800 m weiter). Busse zwischen Oberstaufen und Immenstadt etwa im Stundentakt, Haltestelle »Bühl B 308« (Navi: 87509 Immenstadt, Rieder 11).
Höhenunterschied: 680 m.
Anforderungen: Alp- und Bergwege ohne schwierige Stellen.
Einkehr: Gschwenderbergalpe, 1075 m; Naturfreundehaus, 1442 m; Starketsgundalpe, 1212 m (kurzer Abstecher).

Blick auf den Großen Alpsee beim Abstieg nach Rieder.

Von **Rieder (1)** kurzzeitig gerade empor, dann auf einem steinigen Alpweg schräg rechts an einem einzelnen Haus vorbei (hierher direkt vom Parkplatz bei Gschwend; Wegbeginn unmittelbar östlich der Gschwender-Bach-Brücke) bis vor den **Gschwender Tobel**; rechts unten schöner Wasserfall. Über freie Weideflächen zur **Hochberg- (2)** und weiter zur stattlichen **Rabennestalpe (3)**. Geradeaus ein weiterer Wasserfall. Von links nach rechts über die folgende Waldsteilstufe zu einem ersten sumpfigen Boden und weiter zur **Kesselalpe (4)**, 1243 m. Von dort evtl. in 40 Min. auf das **Immenstädter Horn**, 1489 m; sehr schöner Tiefblick.

Flach über die folgenden, besonders malerischen Böden talein zu einem Wiesensattel. Rechts auf einer Art Rampe zum **Naturfreundehaus (5)** mit überraschendem Blick nach Westen. Über den Waldrücken nach Norden, noch vor dem Gschwender Horn links abwärts zu den Alpweiden. Bei der Verzweigung (Abstecher zur Starketsgundalpe möglich) rechts zur Geländekante und über eine steile, bewaldete Stufe hinab zur **Gschwenderbergalpe (6)**. Abwärts zur nächsten Hütte, dann immer schräg nach rechts zum Aufstiegsweg oberhalb des Tobels.

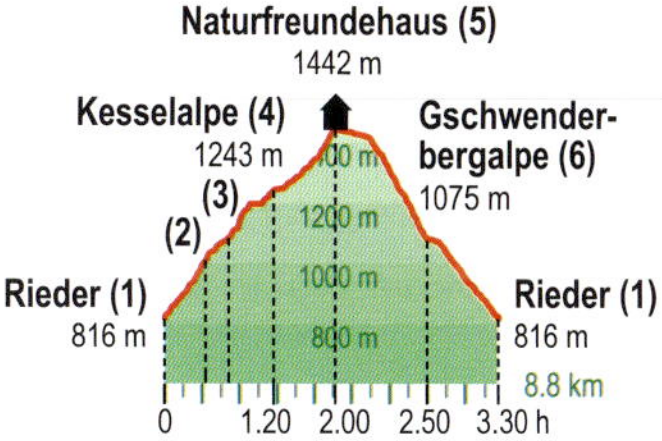

8 Paradies und Kapf, 998 m

3.00 Std.

Der Aussichtsberg im Westen von Oberstaufen

Eine abwechslungsreiche Runde mit einer bunten Mischung aus kleinen Wäldchen, freien Wiesen und dem stillen Tälchen des Moosmühlbaches. Den besonderen Höhepunkt, wörtlich und im übertragenen Sinn, bildet der Kapf mit seinem herrlichen Ausblick nach Süden zur Nagelfluhkette, in den Bregenzerwald und bis zum Säntis.

Ausgangspunkt: Parkplatz am sog. Paradies, 910 m, Aussichtskanzel. Von Oberstaufen ca. 2,5 km auf der B 308 Richtung Lindau, dann rechts auf den Parkplatz. Bus-/Bahnfahrer können die Tour in Oberstaufen beginnen (Navi: 87534 Oberstaufen, Nähe Laufenegg 3).

Höhenunterschied: 340 m.
Anforderungen: Problemlos zu begehende Feldwege, Ortsverbindungssträßchen sowie Fußwege im Wald und auf Gras.
Einkehr: Café Paradies im Berghof in Berg; Sinswanger Stuben.

Vom **Parkplatz (1)**, 910 m, auf einem Teersträßchen nach Norden und – sich schräg rechts haltend – zum **Berghof am Paradies (2)**, 926 m. An diesem vorbei und auf Wiesenweg steil mit herrlichem Ausblick Richtung Nagelfluhkette hinauf zum **Kapf**. Oben an der ersten Abzweigung schräg rechts und im Wald wieder allmählich bergab. Dann am Waldrand mit freiem Blick auf

Wiesenweg am Kapf.

Oberstaufen erst leicht, dann steil bergab. Auf einem Teersträßchen links und am oberen Rand einer steilen Wiese weiter. Nach ca. 300 m links in den Wald und weit ausholend durch ein kleines Tälchen. Schließlich erreichen wir ein **Gehöft (3)**, 853 m, und das Gelände öffnet sich. Auf einem Sträßchen durch Wiesen hinab nach **Sinswang (4)**, 806 m. Im Dorf links und knapp einen Kilometer der kaum befahrenen Straße folgen. Dann zweigt links – zwischen vereinzelten Gehöften von **Vorderberg (5)**, 808 m – ein Wirtschaftsweg ab, der durch ein hübsches Wiesentälchen führt. Nach etwa 15 Min. erreichen wir einen **Parkplatz an der B 308 (6)**, 821 m, dort gehen wir links kurz durch Wald und über den Kapfgraben bis zu einem Gehöft. Schließlich über die Wiesenhänge hinauf Richtung **Berg** und dort rechts haltend zurück zum **Ausgangspunkt (1)**.

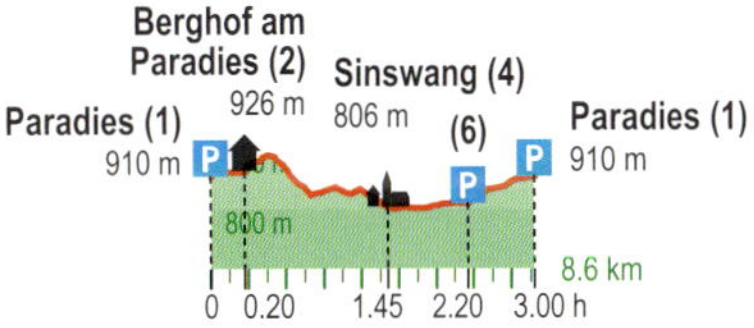

9 Über die Kalzhofner Höhe, 1118 m

2.30 Std.

Der Aussichtsberg hinter Oberstaufen

Das Quellgebiet des Jugetbachs, der auch durch Kalzhofen fließt, wird auf drei Seiten von einem Bergrücken umschlossen, über den diese Wanderung in einem weiten Bogen führt. Dieses Massiv, das in der Kalzhofner Höhe gipfelt, bietet eine reizvolle Mischung aus Waldstücken, freien Wiesen und Matten. So öffnen sich immer wieder schöne, neuartige Ausblicke! Der Fleißige kann die Tour mit einer Besteigung der Salmaser Höhe abrunden.

Ausgangspunkt: Kalzhofen, 800 m, 1 km östlich von Oberstaufen (Bhf.). Bei der Kirche in die Meerau einbiegen und im leichten Linksbogen durch das Dorf ca. 300 m bis zu einem kleinen Wanderparkplatz am Jugetbach (Navi: 87534 Oberstaufen, Meerau 22).
Höhenunterschied: 300 m.
Anforderungen: Alpstraßen und Fußwege in ungefährlichem Gelände.

Einkehr: Hompessenalpe, 1040 m; Alpe Mohr, 928 m.
Variante: Aufstieg zur Salmaser Höhe, 1254 m, Start an der Stelle, an der der Fahrweg den Kamm berührt. Vis-à-vis auf einem Fußweg über einen Waldrücken, später über einen Hang auf die Salmaser Höhe (ca. 50 Min. Aufstieg). Auf gleicher Route zurück oder Abstieg über Höglers- und Wuchersalpe.

Vom **Parkplatz (1)** am Jugetbach kurz zurück, auf dem ersten Weg rechts empor und erneut rechts zum letzten Haus (Schilder »Juget«). Nun auf den freien Hängen in Kehren auf dem Alpfahrweg aufwärts, dann mehr nach rechts in den hintersten Winkel der Wiesen. Nach einem Waldstück in einen

Almlandschaft bei der Kalzhofner Höhe.

Sattel und zur **Oberen Gsängalpe (2)**. Von dort auf dem Fußsteig gerade über die Matten hinauf zum Gratrücken und auf die **Muttner Höhe (3)**, 1067 m. Über den ausgeprägten Kamm – rechts Wald, links teilweise freie Hänge – in einen weiteren Sattel und empor auf die **Kalzhofner Höhe (4)**, 1118 m. Immer auf dem Grat mit Gras und Bäumen bis zum **Juget-Gipfelkreuz** und kurz darauf zu einem Fahrweg, der den Kamm überquert. Auf ihm nach rechts hinab zur **Hompessenalpe (5)**, dann über den folgenden Rücken und auf freien Hängen wieder zurück nach **Kalzhofen (1)**.

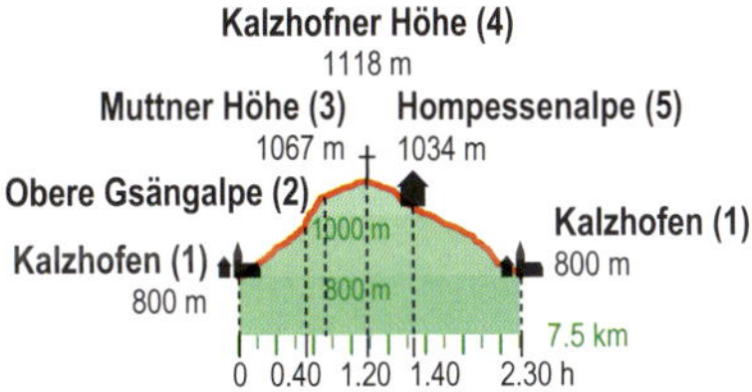

10 Salmaser Höhe, 1254 m

3.00 Std.

Die sonnige und aussichtsreiche Alpwanderung

Das Konstanzer Tal, der breite Einschnitt zwischen Alpsee und Knechtenhofen bei Oberstaufen, wird im Norden von einem langgestreckten, mächtigen, aber doch eher unauffälligen Höhenzug begleitet. Seine höchste, aber trotzdem wenig hervortretende Erhebung nennt man Salmaser Höhe. Das Dörfchen Salmas am Südwestfuß des Massivs stand Pate für den Namen. Von allen Seiten erreichen Alp- und Fußwege den Gipfel. Die schönste Route führt über die Südflanke, denn hier ist man meist auf freien Alpmatten unterwegs und genießt deshalb immer schönere Ausblicke, je höher man kommt.

Ausgangspunkt: Wiedemannsdorf, 760 m, im weiten Tal zwischen Oberstaufen und Alpsee. Im Ort auf der Hauptstraße (Salzstraße) nach Osten und noch über die Bahn. Dahinter bis zur zweiten Straße von links, wo beim Schullandheim Adler ein kleiner Parkplatz liegt. Busse zwischen Oberstaufen und Immenstadt etwa im Stundentakt, Haltestelle »Wiedemannsdorf« (Navi: 87534 Oberstaufen-Wiedemannsdorf, Salzstraße 37)
Höhenunterschied: 500 m.
Anforderungen: Problemlos zu begehende kleinere und größere Bergwege, Abstieg teils nicht markiert, daher Orientierungssinn notwendig.
Einkehr: Einfache Brotzeit in der Michelesalpe, 1080 m; Schneidbergalpe, 824 m; Ghs. in Wiedemannsdorf.

Vom **Parkplatz (1)** auf dem Sträßchen 2 Min. aufwärts, dann rechts ab, über die Brücke des Hennenbachs und rasch zu einem einzeln stehenden Hof. Auf dem schmalen Fahrweg in zwei langgezogenen Kehren über freie Flächen zur **Wannerlesalpe (2)**. Nach rechts in den Wald und bis vor einen Graben, hier ein Stückchen empor zum oberen Waldrand. Nun wieder über schöne Weideflächen etwas steiler zur stattlichen **Michelesalpe (3)**. Danach nur noch wenig steigend nach links zu einem weiteren Graben, dem oberen Hennenbach, und zu den freien, steilen Hängen unter dem Gipfel. Hinter dem Bach immer schräg nach Westen aufwärts, bis das Gelände flacher wird. Jetzt nach rechts umbiegend zum **Kreuz**, das auf einer gegen das Tal vorspringenden Nase steht. Von hier besonders schöner Blick hinab ins Tal, aber auch auf die Berge im Süden und Südwesten bis hin zum Säntis in der Schweiz.

Alpsee und Konstanzer Tal von der Salmaser Höhe.

Vom Kreuz ein paar Meter aufwärts zum höchsten Punkt der **Salmaser Höhe (4),** 1254 m, und über den Kamm zwischen mächtigen Fichten in 15 Min. zum **Ostgipfel,** 1238 m, mit freiem Blick nach Norden. Noch ein Stück über den Gratrücken zu einem zweiten Kreuz. Von dort erst etwas nach rechts auf die Bäume zu, dann links und über die Weideflächen hinab zur **Schneidersalpe (5)**. Auf einem Fahrweg halblinks in einen Graben, den man etwas tiefer nach rechts zu den freien Hängen des Schneidbergs verlässt. Vorbei an der **Schneidbergalpe (6)** zum Beginn der Talwiesen. Hier rechts am Hang entlang zurück zum **Ausgangspunkt (1)**.

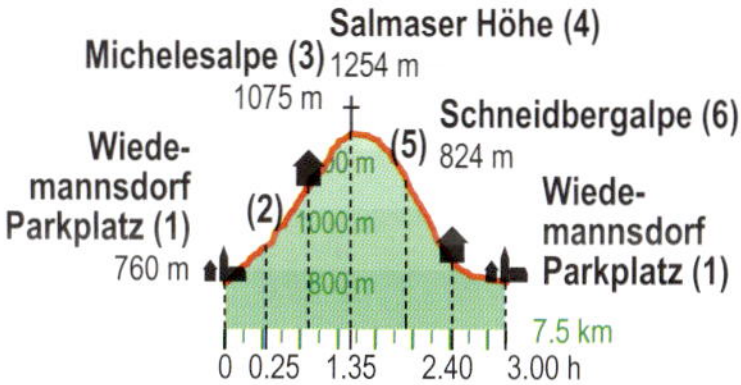

TOP

11 Der lange Gratweg

5.30 Std.

Bergwanderung von Oberstaufen zum Alpsee

Die Busverbindung zwischen Immenstadt und Oberstaufen ermöglicht eine ganz besondere Wanderung: die Überschreitung des gesamten Bergkammes zwischen Wengen und Zaumberg, der in der Salmaser Höhe gipfelt. Unterwegs wechseln Waldstücke mit freien Wiesenflächen, und man genießt immer wieder besonders schöne Ausblicke. Von Wengen bis zur Pfarralpe ist diese Route als »Oberallgäuer Rundwanderweg« ausgeschildert.

Ausgangspunkt: Wengen, 770 m, kleine Häuseransammlung ca. 1 km östlich von Oberstaufen. Start bei der Bushaltestelle »Wengen«; einzige Parkmöglichkeit 1 km nördlich in Kalzhofen (Navi: 87534 Oberstaufen, Wengen).
Endpunkt: Bühl, 743 m, Busse ab Alp-SeeHaus ca. stündlich nach Oberstaufen (über Wengen).
Höhenunterschied: 650 m.
Anforderungen: Fahr- und Fußwege.
Einkehr: Pfarralpe, 1045 m; Siedelalpe, 990 m; Gasthof Hirsch in Zaumberg, 863 m; diverse Angebote am Alpsee.

Von **Wengen (1)** auf der Fahrstraße 1 km hinauf nach **Tronsberg (2)**. 50 m hinter der Kapelle rechts ab, hinaus zum Bergrücken und jenseits durch die Hänge zur **Köhleralpe (3)**. Nun auf einem Alp- und Forstweg in einen Graben und empor zum Ende der Straße. Im Wald zum höchsten Punkt der **Salmaser Höhe (4)**, 1254 m, mit eindrucksvollem Blick nach Süden über das Konstanzer Tal Richtung Nagelfluhkette.
Immer auf dem Kamm über den Ostgipfel, 1238 m, und an einem Kreuz vorbei zu einem Sattel. Auf die **Thaler Höhe (5)**, 1166 m, und über den nun stärker bewaldeten Rücken zu weiteren Weideflächen (Abstiegsmöglichkeit nach

Am »Seeblick« hoch über dem Alpsee.

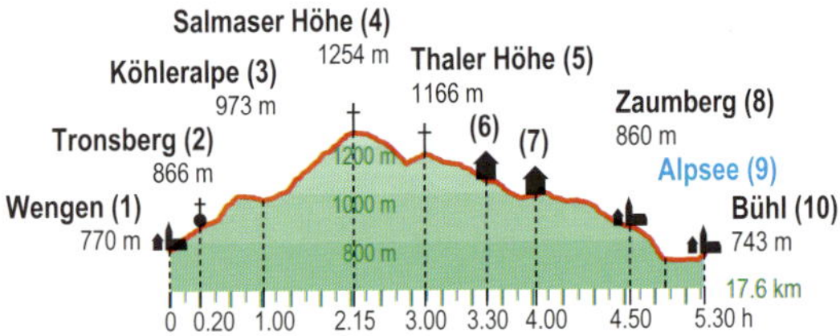

Ratholz, Bushaltestelle) und zu einem Absatz. Abstecher von wenigen Min. zum Aussichtspunkt »Seeblick« möglich.
Bei dem Absatz nach links, nach Norden, abbiegen und bis 300 m vor die bewirtschaftete **Pfarralpe (6)**. Auf dem Sträßchen 300 m nach rechts, dann auf größeren und kleinen Wegen meist im Wald in eine Senke und über die Viehweide wieder empor zur nahen, ebenfalls bewirtschafteten, urigen **Siedelalpe (7)**. Hier links ein kurzer Abstecher zum **»Gipfelkreuz«**, 1024 m, 5 Min. Danach 400 m auf dem Fahrweg, dann bei einem Schuppen geradeaus auf dem kleineren Weg Nr. 11 über eine schöne Lichtung und durch Wald, dann hinab nach **Zaumberg (8)**. Im Dorf bald wieder nach Süden abbiegen, hinab zum **Alpsee (9)**, 724 m. Am Ufer entlang nach **Bühl (10)** und zur Bushaltestelle; Rückfahrt nach **Wengen (1)**.

Pfarralpe.

Abendstimmung an der Uferpromenade in Bühl.

12 Trähersalpe und Thaler Höhe, 1166 m

2.30 Std.

Oberhalb von Wiederhofen

Wiederhofen heißt ein Dörfchen, das auf freien Wiesenhängen in knapp 1000 m Höhe liegt. Die Umgebung bietet keine dramatische, sondern eine freundlich-malerische Landschaft mit wenigen Waldstücken und vielen freien Weideflächen, die sich in gleichmäßiger Neigung bis zur Salmaser Höhe, 1254 m, hinaufziehen. Oben angelangt, öffnet sich von einem Schritt zum anderen ein weiter Blick in alle Himmelsrichtungen.

Ausgangspunkt: Parkplatz am Skilift in Wiederhofen-Thal, 920 m. Am westlichen Ortsrand von Missen links und ca. 2,7 km hinauf nach Wiederhofen, 986 m, in herrlicher Lage. Von dort hinab nach Thal und zum Parkplatz am Skilift (Navi: 87547 Missen-Wilhams, Zur Thaler Höhe 8).
Höhenunterschied: 340 m.
Anforderungen: Von Teerstraßen bis zu Pfadspuren auf Gras wird alles geboten, teilweise kräftig steigend, Aufmerksamkeit bei der Orientierung notwendig.
Einkehr: Trähersalpe, 1118 m; Mühlbachstüble (beim Campingplatz am Ausgangspunkt).

Vom **Parkplatz (1)** wieder hinauf auf die Straße. Bald danach Abzweigung nach links und durch das Wiesental der **Jugetach** nach Westen, bis nach 800 m (kurz nach dem letzten Haus) von links ein von Büschen gesäumter Bach herabkommt.
Hier links ab und auf dem Alpweg erst neben dem Bach, dann über freie Wiesen zur **Baldaufalpe (2)**, 1011 m. Über die Weidefläche zwischen zwei Fichtenreihen auf Pfadspuren gerade empor, dann leicht nach links zwischen auffälligen Trich-

Gratweg Thaler Höhe; im Hintergrund Gipfel der Nagelfluhkette.

Blick von der Thaler Höhe über die Neuschwandalpe zum Hochgrat.

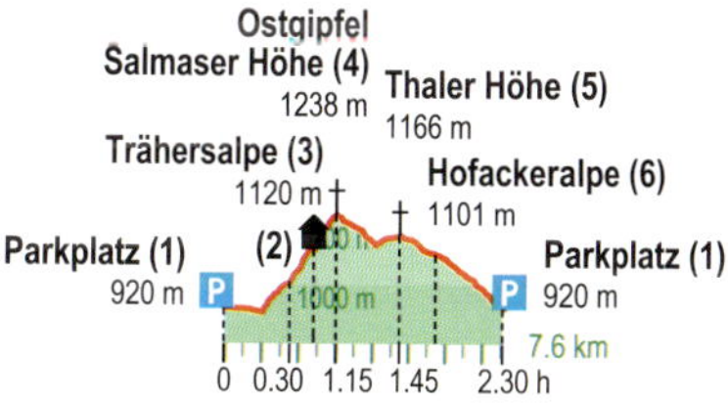

tern im Boden (Dolinen) zu einem Kreuz. Auf einem Fahrweg zur nahen **Trähersalpe/Drehersalpe (3)**, an ihr rechts vorbei, bis der Weg nach einem Sattel wieder zu steigen beginnt. Hier nun nach einem Zaundurchlass wieder über die Weideflächen empor bis zum Hauptkamm, den man beim **Ostgipfel** der **Salmaser Höhe (4)**, 1238 m, erreicht. Über den Kamm nach links zu einem Kreuz; idealer Rastplatz mit schönem Blick. Natürlich kann man auch den höchsten Punkt des Massivs erreichen: Dazu auf dem Kamm etwa 20 Min. über einen Sattel hinweg nach Westen zum **Gipfel**, 1254 m. Etwas tiefer steht ein Kreuz mit weiter Fernsicht. Weiter über den Rücken bis zu einem Sattel mit Alpstraße. Kurzer Abstecher auf die **Thaler Höhe (5)**, 1166 m. Dann auf dem Fahrweg in langen Kehren an der **Hofackeralpe (6)** vorbei über die freien Hänge (im Winter Piste) hinab zum **Parkplatz (1)**.

13 Ochsenberg und Jugetachtal

4.30 Std.

Einsame Wanderung im Tal der Jugetach

Zwischen dem Konstanzer Tal im Süden und dem Tal der Unteren Argen im Norden versteckt sich der Taleinschnitt der Jugetach. Nur eine Stichstraße führt von Missen aus hinauf in diesen sehr abgeschiedenen Winkel, in dem den Wanderer ein abwechslungsreiches Mosaik aus Wiesen, kleinen Wäldchen und dem Jugetbach sowie ein hübsches Hochmoor und – gewissermaßen als »Höhepunkt« – der Ochsenberg erwartet.

Ausgangspunkt: Parkplatz am Skilift in Wiederhofen-Thal, 926 m. Am westlichen Ortsrand von Missen südwärts und ca. 2,7 km hinauf bis nach Wiederhofen, 986 m, in herrlicher Lage. Von dort hinab nach Thal und zum Parkplatz am Skilift (Navi: 87547 Missen-Wilhams, Zur Thaler Höhe 8).

Höhenunterschied: 250 m.
Anforderungen: Teils autofreie Teerstraße, sonst Schotterwege und Wiesenpfade. Kurzes Steilstück, bei Nässe streckenweise etwas matschig.
Einkehr: Gasthaus Reichl in Wiederhofen; Mühlbachstüble (beim Campingplatz am Parkplatz).

Vom **Parkplatz (1)**, 926 m, gehen wir wenige Schritte auf der Straße zurück, um dann gleich links im weiten Talgrund der Jugetach westwärts zu wandern. Nach ca. 30 Min. wechseln wir auf die Nordseite der Baches, behalten die Richtung talauswärts bei und steigen allmählich über Wiesen hinauf zum einsam gelegenen **Weiler Geratsried (2)**, 901 m. Gleich am vorderen Dorfeingang folgen wir dem Schotterweg rechts in den Wald und weiter durch die dicht bewaldeten Nordwestflanken des Ochsenberges Richtung Aigis.

Blick vom Höhenweg Richtung Missen und Hauchenberg.

Am Waldende etwas oberhalb von Aigis (ehe bei einem einzelnen Haus der Teerbelag beginnt) verlassen wir den breiten Weg, halten uns schräg rechts, gleich darauf erneut scharf rechts und anschließend steil durch Wald hinauf auf einen **Sattel östlich des Ochsenberg-Gipfels (3)**, 1077 m. Dahinter geht es wieder bergab. Wir passieren ein Gipfelkreuz, der Wald öffnet sich und gibt den Blick frei auf das weite Tal der Jugetach. Kurz darauf erreichen wir **Wiederhofen (4)**, 986 m. Im Dorf links, ca. 300 m entlang der Hauptstraße Richtung Missen und dann rechts auf einem ebenen Wirtschaftsweg – mit freiem Blick hinab ins Tal der Unteren Argen und auf Missen – bis zu einer Hütte. Nun auf schmalerem Weg durch Wiesen und Wald bis zur **Goldbergalpe (5)**, 987 m, wo uns erneut ein Schotterweg erwartet. Diesem folgen wir etwa 500 m, ehe wir – nach zwei Kehren – rechts in einen Wiesenpfad einbiegen. Nun entweder geradeaus über die Wiesen oder rechts parallel zum Wiesenweg entlang des hübschen, kleinen Tuffenmooses westwärts; beide Wege treffen nach einigen Minuten wieder aufeinander. Dann stoßen wir auf die Jugetach und sind bald darauf zurück an unserem **Ausgangspunkt (1)**.

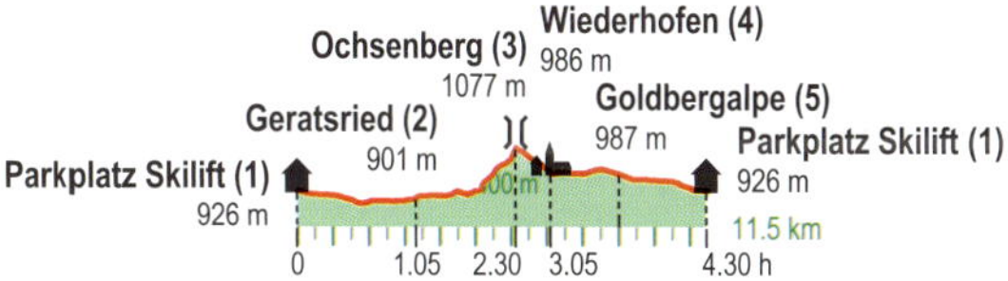

TOP **14**

Rundtour am Hauchenberg, 1242 m

4.15 Std.

Langgestreckter Bergrücken mit herrlichen Ausblicken

Der Hauchenberg bildet einen auffallend geraden Bergrücken von etwa 6 km Länge. Auf der Höhe wechseln kurze Waldstücke mit vielen freien Weideflächen, und so genießt man immer wieder die schönsten Ausblicke, vor allem zu den großen Gipfeln der Allgäuer Alpen. Zurück geht es über die stillen Rücken von Hinterhaselbachalpe und Kühberg.

Ausgangspunkt: Missen, 854 m. Großer Parkplatz mitten im Ort, wo die Hauptstraße eine scharfe Kurve beschreibt. Mehrmals täglich Busse Immenstadt – Missen – Weitnau (Navi: 87547 Missen-Wilhams, Hauptstraße 17).
Höhenunterschied: 500 m.
Anforderungen: Am Hauchenberg meist Fußwege, teilweise etwas steiler, sonst Forst- und Feldwege, Aufmerksamkeit bei der Orientierung nötig.
Einkehr: Klingshütte beim Aussichtsturm auf dem Hauchenberg, 1205; Gasthöfe in Diepolz und Knottenried.
Tipp: Bauernhofmuseum in Diepolz, beliebtes Familienziel.

Vom **Parkplatz (1)** durch die Dorfstraße und über den Schulweg, dann halblinks (Schild »Katzensteig«) die Umgehungsstraße überquerend zu einem Wiesenboden. Hier rechts in den **Ortsteil Berg (2)**. Zwischen den Häusern

Missen und Kühberg.

schräg links aufwärts, dann auf altem Feldweg erst gerade empor, später etwa eben nach rechts zu den freien Wiesen. Sich an den Bänken orientierend gerade hinauf, dann mehr nach links zum Waldrand und zum **Bockerstein**, einem Felsturm aus Nagelfluh. Zwischen Bäumen und über Gras auf den Rücken des **Hauchenbergs (3)**, 1242 m, mit **Aussichtsturm** und **Klingshütte**. Etwa 1 Std. stets auf dem Kamm zu einer Bank mit Marterl. Über schöne Lichtungen und Wiesen hinab nach **Diepolz (4)**. Erst auf einer Teerstraße, dann in der gleichen Richtung auf einem Feldweg quer durch eine feuchte Mulde nach **Knottenried (5)**. Bei der Kirche scharf nach rechts und in wenigen Min. zu einem Walddurchlass. Auf den Wiesen links neben dem Rücken zum **Aussichtskreuz**.

Kurz durch Wald, danach wieder in freiem Gelände zur in der Karte noch als Kaplanalpe ausgewiesenen **Hinterhaselbachalpe (6)** und weiter zum **Kühberg (7)**. Auf breitem Weg in Kehren nach **Missen (1)** hinab.

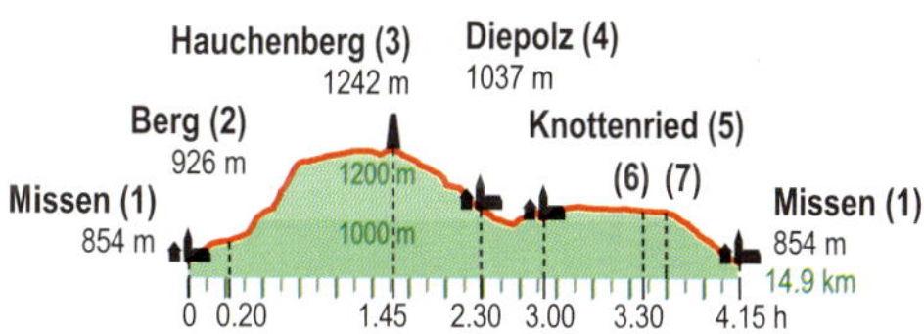

15 Sonneneck und Alttrauchburg

3.15 Std.

Wiesen, Wald und die Ruinen einer einst mächtigen Burg

Dreierlei bestimmt diesen Ausflug: sonnige Wiesen mit hindernislosen Ausblicken, der langgestreckte Bergkamm des Sonnenecks, den vor allem auf der Nordseite weite Wälder überziehen, und der Besuch der Ruine Alttrauchburg. Hier lebten einst die weit über die Region hinaus einflussreichen »Truchsesse von Waldburg zu Trauchburg« in einer großen Anlage, in der es sogar eine Bäckerei, einen Schuster, eine Schneiderei und eine Schmiede gab.
Als 1690 die Grafen nach Kißlegg umzogen, begann die Burg zu verfallen, ja, sie erlitt schließlich das verbreitete Schicksal alter Anlagen: Man verwendete sie als eine Art Steinbruch für das Schloss Neutrauchburg in Isny. 1985 begann man die Ruine zu sanieren, und so wurde sie, zusammen mit der Burggaststätte, zu einem beliebten Ausflugsziel.

Ausgangspunkt: Weitnau, 797 m. Von der Ausfahrt »Weitnau« der B 12 (Isny–Kempten) 1 km nach Osten in die Ortsmitte von Weitnau mit Ghs. Adler (Parkplatz) und Feuerwehr. Ca. stündlich Busse Isny – Weitnau – Kempten (Navi: 87480 Weitnau, Hoheneggstraße 26).
Höhenunterschied: 380 m.
Anforderungen: Fußwege in bergigem Gelände.
Einkehr: Burggaststätte, 405 m; Ghs. in Weitnau.

Burgruine Alttrauchburg und Burggaststätte.

In der Ortsmitte von **Weitnau (1)** nach Osten über die Brücke, dort auf der Hirnbeinstraße kurz nach links, dann rechts auf der Engelhirscherstraße hinauf zum Ortsende und auf dem Teersträßchen über schöne freie Höhen (bei der Kapelle halblinks) nach **Engelhirsch (2)**. Bei der Verzweigung links, unter der Schnellstraße hindurch und rechts in 5 Min. zu ein paar Häusern. Dort auf einem Weg nach oben zu den freien Wiesenhängen. Über das bald kräftig steigende Gelände, das immer schönere Ausblicke nach Süden bietet, empor auf den langgestreckten Kamm des **Sonnenecks (3)**, 1075 m. Meist im Wald über den Kamm in einen Sattel, südlich an einem Kopf vorbei, bis nach etwa 25 Min. ein Fahrweg den Rücken kreuzt (Aussichtspunkt).
Nun entweder – schöne Variante – noch einmal die gleiche Zeit auf dem Kamm nach Westen in einen weiteren Sattel, dann rechts hinab zur Ruine **Alttrauchburg (4)**, oder gleich auf dem Forstweg schräg durch die Wälder dorthin (geringfügig kürzer). Von der Ruine empor in den zweiten Sattel mit seinem **Wegkreuz**. Auf der Südseite nach links erst quer durch die Hänge, dann schräg abwärts im Wald und über Lichtungen zu den einsamen Höfen von **Diethen (5)**. Auf deren Zufahrtsweg ein wenig nach links, unter der Schnellstraße hindurch und zurück nach **Weitnau (1)**.

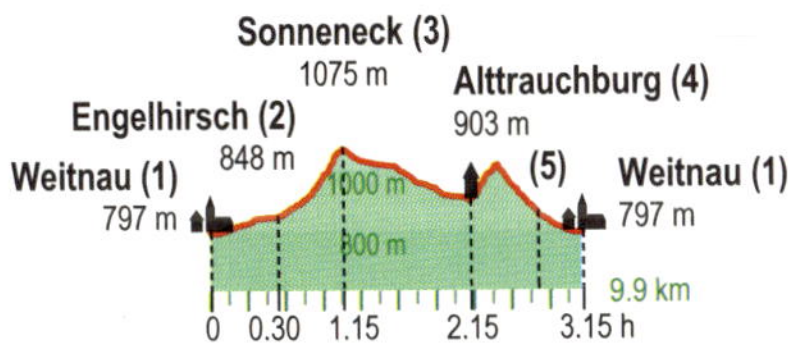

16 Im Rohrbachtobel

2.45 Std.

Malerisches Bachtal und Aussichtspunkt

Drei Höhepunkte bietet diese Wanderung, die mit einigem Auf und Ab durch weite Wälder, über Wiesen und durch zwei Bachtäler führt. Man besucht das Spießeck, einen Aussichtspunkt mit weitem Blick (bis zur Zugspitze). Dann geht es tief hinab in ein idyllisches, unberührtes Bachtal. Schließlich kann man den Rohrbachtobel bestaunen: Felsschichten bilden dort zwei kleine, halbkreisförmige Stufen, die so gleichmäßig sind, dass man sie im ersten Moment für Mauerwerk hält.

Ausgangspunkt: Waldparkplatz bei Buchenberg, 890 m. Vom Ort auf der Straße Richtung Wirlings-Waltenhofen zur Geländekante beim letzten Haus (Blick auf Kempten und die Allgäuer Berge). Hier rechts ab und noch 500 m zum Waldparkplatz (Navi: 87474 Buchenberg, Wirlingerstraße).
Höhenunterschied: 200 m.
Anforderungen: Forst- und Fußwege, teilweise steiles Gelände, bei Nässe unangenehm.
Einkehr: Ghs. Waldhäusle, 811 m; weitere Möglichkeiten in Buchenberg.

Direkt am südlichen Ende des **Parkplatzes (1)** auf dem kleineren Weg rechts durch Wald und über eine schöne Lichtung, bis man senkrecht auf das **»Waldsträßle« (2)** trifft. Auf ihm 300 m nach rechts, dann wieder links und in wenigen Minuten zum Waldrand. Hier erneut rechts auf einen kleineren, ein wenig schmutzigen Forstweg.
Nach einem Bach links, 200 m danach ebenfalls links und durch Wald und eine Schonung hinaus zum **Spießeck (3)**. Noch ca. 100 m weiter (Richtung »Waltenhofen«) bis zu einem schönen Ausblick. Von dort kurz zurück und rasch abwärts (Wegweiser »Waldhäusle«) bis vor das **Viadukt** der B 12. Rechts ins **Rohrbachtal** hinunter und 500 m talaus zu einer Lichtung.

Abend am Spießeck; Illertal und Grünten.

Hinauf zur Höhe, rechts kurz am Waldrand entlang und über die Wiesen zum **Gasthaus Waldhäusle (4)**, in dessen Nähe einige malerische alte Linden stehen. 200 m auf der Hauptstraße, dann rechts in den Weiler **Helen**. Bald hinter den Häusern unter der Schnellstraße hindurch und zu einer Bachbrücke am Waldrand. Hier rechts, über eine Lichtung und durch Wald, dann hinab in den **Rohrbachtobel (5)** mit den erwähnten Felsstufen. Meist hoch oben in den Tobelhängen ein gutes Stück nach Osten zur **Spießeckhütte (6)**, Unterstand, Aussicht. Von dort auf dem linken Weg durch den Wald, bis man wieder auf den Hinweg trifft.

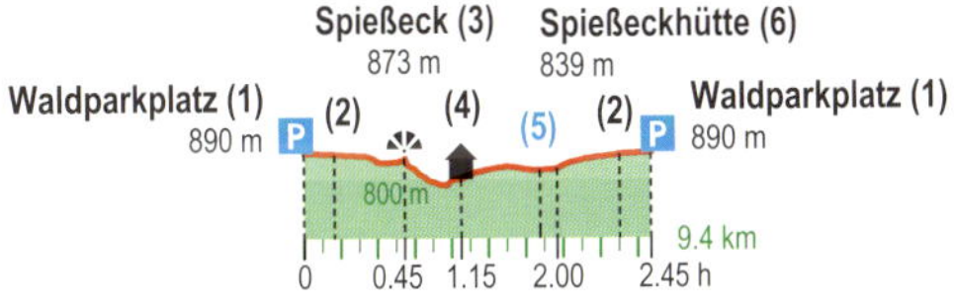

17 Hohenkapf und Eschacher Weiher

2.00 Std.

Ein See zwischen Bäumen und Wiesen, freie Höhen und weite Wälder

Bei der waldreichen Berggruppe nördlich der Wengener Argen (Strecke Buchenberg–Isny) wird immer der Schwarze Grat mit seinem Aussichtsturm genannt, nie der Hohenkapf, obgleich er den höchsten Punkt der Region bildet. Ihm selbst, den freien Höhen an seinem Fuß mit dem herrlichen Blick in die Allgäuer Alpen, aber auch dem malerischen Eschacher Weiher (im Sommer ein beliebtes Badeziel) gilt unser Ausflug. Der Fleißige kann diese abwechslungsreiche Tour mit einer Wanderung zum Schwarzen Grat ergänzen, die jedoch viel durch Wald führt.

Ausgangspunkt: Parkplatz bei Eschach, 1040 m. Von Buchenberg 3,5 km nach Eschach, von dort noch einmal 1,3 km Richtung Kreuzthal zu einem großen Parkplatz rechts der Straße (Navi: 87474 Buchenberg, Eschach).
Höhenunterschied: 200 m.
Anforderungen: Bei der Kapf-Rundtour meist Fußwege, zum Schwarzen Grat überwiegend Forststraßen.
Einkehr: Gasthaus in Eschach; an der Variante Wenger-Egg-Alpe, 1020 m.
Variante: Schwarzer Grat, 1118 m. 400 m westlich des Parkplatzes zweigt von der Straße ein Forstweg ab, der immer über die meist bewaldete Höhe zur Wenger-Egg-Alpe (Einkehrmöglichkeit) und weiter auf den von einem Aussichtsturm gekrönten Schwarzen Grat führt, die höchste Erhebung Württembergs. Auf dem Rückweg kann man der Forststraße (Abzweigung nach 1,4 km von der Straße hinab nach Wengen) folgen, die die Südhänge in etwa 1000 m Höhe nach Vohwinkel quert. Am Eschacher Weiher vorbei geht es zurück zum Parkplatz.

Am Eschacher Weiher.

Vom **Parkplatz (1)** 100 m Richtung Eschach, dann rechts hinab zum **Eschacher Weiher (2)**. An seinem Ufer entlang, anschließend nach Süden über die Wiese sanft aufwärts auf einen freien Rücken, den **Hochberg (3)**, 1001 m, mit herrlichem Blick. Rechts hinüber zu einem einzelnen Hüttchen, dann auf einem Feldweg quer durch die Hänge nach **Vohwinkel**.
An einer Lichtung entlang aufwärts zum Wald und zur Wegverzweigung. Über einen steilen Hang rasch weiter empor, dann im Jungwald zu einem Aussichtspunkt (der leider zuwächst). Von dort auf einem Forstweg um den **Hohenkapf (4)** – man kommt knapp unter dem Gipfel von 1122 m Höhe vorbei – in einen Sattel und hinaus zur Straße. Nach rechts wieder zurück zum **Parkplatz (1)**.

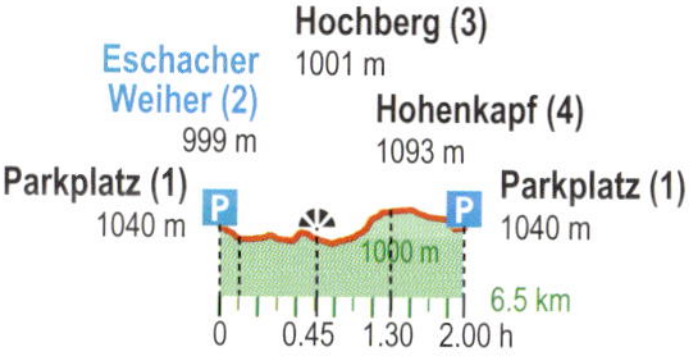

18

Höhen bei Wiggensbach

3.00 Std.

Bauernwiesen und markante Hügelkette

Im Westen von Wiggensbach trifft man auf eine Allgäu-Bilderbuchlandschaft: Zahllose Weiler und Einzelhöfe liegen weit verstreut in einer fast waldfreien Hügelwelt. Gegen Südwesten schirmt eine Reihe von höheren Köpfen das Gebiet ab. Vor allem von der Südschulter des (durch einen Fernmeldeturm unverwechselbaren) Blenders, dem sogenannten Rauhenstein, genießt man eine großartige Aussicht. Unsere Rundtour in dieser kleinräumigen Welt ist besonders abwechslungsreich.

Ausgangspunkt: Parkplatz in Schmidsreute, 980 m. Eine Art Passstraße verbindet Wiggensbach mit Oberkürnach. Parkplatz unmittelbar nördlich der Passhöhe (Navi: 87487 Wiggensbach-Schmidsreute, Kürnacher Straße).

Höhenunterschied: 400 m.
Anforderungen: Alle Wegarten von Teersträßchen über Fußsteige bis zu Wiesen mit Spuren. Aufmerksamkeit bei der Orientierung notwendig.
Einkehr: Gasthäuser in Wiggensbach.

Der Blender mit Fernsehturm.

Von der Passhöhe bei **Schmidsreute (1)** 150 m Richtung Burgstall zum Knick der Straße. Dort rechts ab und auf einem Bauernweg über einen Rücken und die anschließenden Wiesenhänge hinab zum Weiler **Artho (2)** am Fuß eines auffallend runden, 946 m hohen Hügels. 150 m nach links, dann auf dem rechten Sträßchen über weite Wiesen nach **Kolben (3)** und von dort über eine grüne Schulter hinüber nach **Westenried (4)**. Im Ort schräg rechts abwärts. Wo man auf die größere Straße trifft, gleich hinab zum Bach und über eine Wiese nach **Haggen (5)**.

Von dort 500 m Richtung Wiggensbach, dann rechts auf dem Fahrweg nach **Blenden (6)** und bald danach auf einem Fußweg durch Wald kräftig steigend auf den **Blender (7)**, 1072 m. Über die Matten ohne deutlichen Weg nach Süden auf die Schulter mit dem Namen **Rauhenstein** und halbrechts hinab auf einen querlaufenden Feldweg. Hier rechts leicht aufwärts in einen weiten Sattel. Durch Wald gegen den **Dürren Bichl (8)** empor, südlich am höchsten Punkt vorbei zu einer schönen, freien Schulter. Über den Kamm zurück nach **Schmidsreute (1)**.

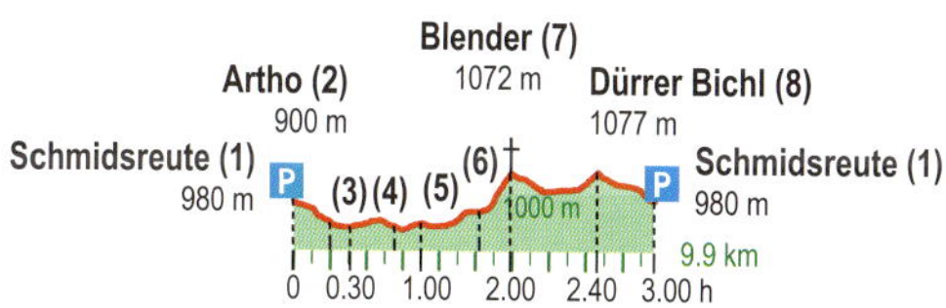

19 Rund ums Kreuzthal

3.15 Std.

Mitten im Waldgebiet

Für den Fremden ist es ein wenig verwirrend: Oberhalb von Buchenberg liegt das Dorf Eschach, danach erreicht das Sträßchen einen kleinen Pass, 1033 m, beim Eschacher Weiher. Drüben geht es dann im Tal eines Flüsschens, das ebenfalls Eschach heißt, rasch abwärts. Wald und sogar einige Felsen aus Konglomeraten säumen den schmalen Talboden. Man kommt ins Dörfchen Kreuzthal, das sich an der Ausmündung eines gleichnamigen Seitentals zusammendrängt. Bisher gehörte alles zur Gemeinde Buchenberg und damit zu Bayern. Fährt man in Kreuzthal jedoch über die Eschachbrücke, dann heißt der Ort plötzlich Eisenbach, und man befindet sich in Württemberg. Zwischen Buchenberg, Isny und Kimratshofen erstreckt sich ein gewaltiges, stark bergiges Waldgebiet, in dem das Eschachtal eine der wenigen Unterbrechungen darstellt.
Unser Weg rund um das Kreuzthal zeigt das Typische dieser Landschaft mit seinem vielen Wald, in dem leider die Fichte stark überwiegt. Unsere Route bekommt eine freundliche Note durch so manche Lichtung und freie Flächen mit weitem Ausblick.

Ausgangspunkt: Eisenbach-Kreuzthal, 826 m, ca. 6 km Luftlinie östlich von Isny. Von Buchenberg nach Eschach und über einen Pass ins Eschachtal. Talaus bis Kreuzthal. Parkplatz in Eisenbach 150 m nach der Brücke über die Eschach (Navi: 88316 Isny im Allgäu, Eisenbach 18).
Höhenunterschied: 350 m.
Anforderungen: Tlw. Fußwege, meist jedoch Forstwege und -straßen. An Beginn und Ende teils sehr steile Passagen.
Einkehr: Ghs. in Kreuzthal.

Waldweg am Fürstenbrunnen.

Vom **Parkplatz (1)**, 826 m, kurz entlang der Hauptstraße nach **Kreuzthal**, über die Eschach und gleich hinter der Brücke auf dem Postweg zur Kirche. Dahinter auf kleinem Steig steil den Wiesen-Wald-Hang hinauf zu einem **Teersträßchen (2)**, 946 m. Auf diesem gemächlich bergauf, mal über freie Wiesen, dann wieder durch Wald bis zur **Wegkreuzung unterhalb der Kreuzleshöhe (3)**, 1077 m, mit prächtiger Aussicht. Dort rechts, kurze Zeit später vorbei an einer kleinen Kapelle, dann treffen wir im Wald auf ein Forststräßchen, dem wir folgen. Am Abzweig gleich hinter der **Kleinen Schwedenschanze** rechts und zur Lichtung mit dem **Fürstenbrunnen (4)**, 1084 m. Etwas später verlassen wir in einer Kehre die Forststraße nach rechts und folgen einem schmalen Pfad Richtung Wirtsberg. Plötzlich endet der Wald, vor uns liegt ein breiter Wiesenrücken, auf dessen höchstem Punkt, dem **Steinberg (5)**, 1043 m, aussichtsreich ein Kreuz thront. Schräg links am Waldrand auf schmalem Weg hinab zu den Häusern von **Wirtsberg** und auf einer Teerstraße steil absteigend zurück zum **Ausgangspunkt (1)**.

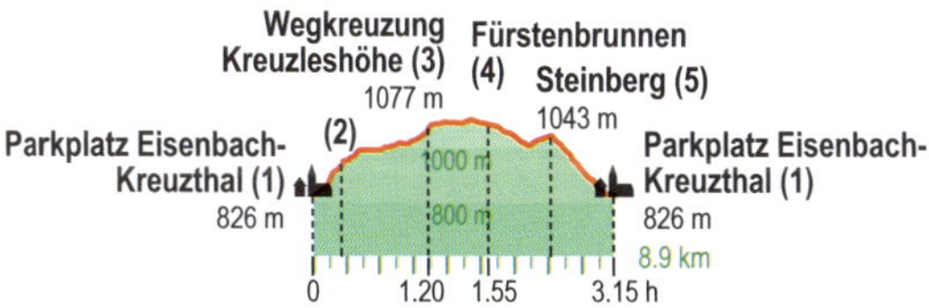

Bayerisches Westallgäu

Das in diesem Abschnitt behandelte Gebiet liegt im Landkreis Lindau. Die Trennlinie zu den beiden anderen Kapiteln folgt somit im Südosten der Kreisgrenze zum Oberallgäu, im Nordwesten der Landesgrenze gegen Württemberg. Weitgestreckte Höhen, teilweise aber auch eine kleinräumige Hügelwelt bestimmen das Landschaftsbild im bayerischen Westallgäu. Bevor der Fremdenverkehr hier Bedeutung erlangte, waren Vieh- und Milchwirtschaft die Haupteinnahmequellen. Bekannt sind die Käsereien der Region. Der Gast verdankt also gewissermaßen dem Vieh diese Welt, die sich durch die vielen freien Flächen so ausgezeichnet zum Wandern eignet. Das Gebiet erinnert ein wenig an ein Mittelgebirge, doch bildet das Hochgebirge stets einen eindrucksvollen Hintergrund. Auch der Loipenfreund findet in diesem – dank der hohen Lage relativ schneesicheren – Landstrich ein Dorado.

Gestratz, 630 m

Das Dorf Gestratz breitet sich auf einem Wiesenboden der Oberen Argen aus. Zur Gemeinde gehören noch 35 Weiler, die oft malerisch auf den Hügeln und Bergen verstreut sind; von dort oben genießt man sehr schöne Ausblicke bis in die Alpen.

Stiefenhofen und Nagelfluhkette (Tour 29).

Hirschberg und Hirschbergalpe (Tour 25).

Grünenbach, 718 m

Der stille Ferienort liegt zwischen Wiesen und Wald am Fuß des Laubenbergs (Skilift); auch Schönau, auf einem flachen Wiesenboden ausgebreitet, gehört zur Gemeinde. Das weite, sonnige Gelände eignet sich für Spaziergänge und Skiwanderungen.

Lindenberg, 762 m

Das lebhafte Städtchen ist das Zentrum dieser bergigen Region. Es liegt auf einem Höhenrücken, der gegen Nordwesten gut 200 m tief abfällt. Lindenberg gilt auch als Mittelpunkt der Westallgäuer Käseproduktion. – Hutmuseum. Naturfreibad Waldsee mit Moorwasser und Städtisches Hallenbad. Aussichtsturm Nadenberg. Loipen.

Maierhöfen, 741 m

Auf einem Wiesenboden am Fuß der immerhin 1066 m hohen Riedholzer Kugel liegt Maierhöfen. Zur Gemeinde gehören einige weitere Dörfer wie Riedholz und zahlreiche Weiler, die – wie Ringenberg und Straß – teilweise auf Höhen mit weitem Fernblick liegen. Eine besondere Sehenswürdigkeit

Touristeninformationsstellen in der Region

Gemeinde Gestratz, Schulstr. 1, 88167 Gestratz, Tel. +49 8383 223, www.vg-argental.de.
Gästeamt Grünenbach, Hauptstr. 49, 88167 Grünenbach, Tel. +49 8383 929981, www.vg-argental.de.
Tourist-Information Lindenberg, Museumsplatz 1, 88161 Lindenberg, Tel. +49 8381 9284310, www.lindenberg.de.
Gästeamt Maierhöfen, Brunnenweg 2, 88167 Maierhöfen, Tel. +49 8383 98040, www.vg-argental.de.
Gästeamt Oberreute, Hauptstr. 34, 88179 Oberreute, Tel. +49 8387 1233, www.oberreute.de.
Gästeamt Röthenbach, Mühlenstr. 1, 88167 Röthenbach, Tel. +49 8384 1816, www.vg-argental.de.
Scheidegg Tourismus, Rathausplatz 8, 88175 Scheidegg, Tel. +49 8381 895-55, www.scheidegg.de.
Tourist-Information Weiler-Simmerberg, Hauptstr. 14, 88171 Weiler im Allgäu, Tel. +49 8387 391-50, www.weiler-simmerberg.de.

ist der Eistobel, eine Schlucht der Oberen Argen. – Campingplatz bei Riedholz, mehrere Skilifte am Massiv von Iberg und Riedholzer Kugel, 20 km schöne, sonnige Loipen.

Oberreute, 857 m

Der Ferienort Oberreute thront auf einem hohen Bergrücken und fällt deshalb schon aus der Ferne auf. Der gedrungene Zwiebelturm der Pfarrkirche von 1798 sorgt zusätzlich für ein auffallendes Profil. An den ostseitigen Hang schmiegt sich das Feriendorf Irsengund. Im Süden des Ortes breitet sich die typische Landschaft des Westallgäus aus: weite, wellige Wiesenflächen mit Weilern und einzelnen Höfen. – Museum über 100 Jahre Skigeschichte. Freibad im Süden des Ortes. Skilift, diverse Loipen, besonders interessant die Strecke nach Sulzberg.

Röthenbach, 664 m

Das Dorf, zu dem auch einige Weiler gehören, liegt in einer abwechslungsreichen Hügellandschaft, die ganz von der Viehwirtschaft geprägt wird. Es gibt deshalb viele freie Wiesenflächen. – Geheiztes Freibad und Freizeitzentrum im Ortsteil Rentershofen.

Scheidegg, 803 m

Diese von regem Leben erfüllte Marktgemeinde liegt auf den äußersten Höhen, die nach Westen rasch und tief zum Bodensee abfallen. Das günstige Klima war die beste Voraussetzung für einen heilklimatischen und Kneipp-Kurort. Die abwechslungsreiche Umgebung mit Wald und Wiesen eignet sich ideal für Wanderungen im Sommer und Winter. – In der Nähe die Scheidegger (auch Rickenbacher oder Rohracher) Wasserfälle. Handwerkermuseum, Reptilienzoo. Alpenfreibad im Süden des Ortes, 1000 m² große Kletterhalle, 9-Loch-Golfplatz, 40 km Loipen, Skilift.

Weiler, 632 m

Zur ausgedehnten Marktgemeinde gehören Simmerberg, 752 m, Ellhofen, 736 m, und, wie im Westallgäu üblich, viele Dörfchen und Einzelhöfe. Der zentrale Ort Weiler liegt im weiten Tal der Rothach, die erstaunlicherweise nach Süden, also nach Vorarlberg, abfließt, während sich die anderen Orte hoch an den Hängen emporziehen und schöne Ausblicke bieten. Bereits 894 erbauten Mönche aus St. Gallen hier einen ersten Maierhof. – Freibad in Weiler, Campingplatz in Schreckenmanklitz, drei Skilifte, gute Langlaufmöglichkeiten.

Scheidegger Wasserfälle (Touren 22 und 23).

TOP **20**

Hochsträß und Hausbach

4.00 Std.

Höhen und ein Bachtal bei Oberreute

Der höchste Punkt des Bergrückens von Sulzberg (siehe auch Tour 4) liegt an dessen Nordostende hoch über Oberreute. Die sanften Nord- und Westhänge des Höhenzugs bedecken Wiesen, Wald und Lichtungen in bunter Folge; dazwischen gibt es auch einige feuchte Flächen und sogar Moore. Es handelt sich – bei trockenem Wetter – um eine eher gemütliche Wanderung mit viel Abwechslung und besonders schönen Ausblicken.

Ausgangspunkt: Oberreute, 857 m. Von der Kirche kurz auf der Straße Richtung Sulzberg; bei der ersten Abzweigung links abwärts zum Parkplatz am Freibad. Mehrmals täglich Busse Oberstaufen – Oberreute – Weiler – Lindenberg (Navi: 88179 Oberreute, Sonnenhalde).
Höhenunterschied: 250 m.
Anforderungen: Fuß- und Feldwege, bei Nässe teilweise schmutzig.
Einkehr: Gasthöfe in Oberreute.

Am Nordende des **Parkplatzes (1)** links zwischen den letzten beiden Häusern hindurch, dann auf bald nur noch schmalem Weg am Wasserreservoir vorbei über die Wiesen empor zum Aussichtspunkt **Martinshöhe (2)**. Durch Wald, über Lichtungen und an den feuchten Flächen des **Bruckmooses** vorbei zum **Kalten Brunnen (3)** mit Unterstand. Noch etwas bergauf bis zur **österreichischen Grenze**, dann rechts den Forstweg verlassen und auf einem Wurzelpfad (parallel zum Fahrweg) durch den Wald weiter. Nach etwa 500 m führt rechts ein schmaler Weg hinein in das kleine, aber sehr idyllische **Wildrosenmoor (4)**, 1030 m. Hinter dem Moor stoßen wir im Wald wieder auf eine Forststraße, folgen dieser rechts für etwa 400 m, biegen dann links ab und wandern ca. 300 m leicht bergab bis zu einem weiteren Wirtschaftsweg und einer Wegkreuzung. Dort geradeaus. Für den weiteren Abstieg entweder auf der kleinen Straße (über Großgschwend) bleiben oder

Wildrosenmoor.

gleich hinter der o. g. Wegkreuzung links auf einen Weg einbiegen, der weitgehend parallel zur Straße entlang eines Bacheinschnitts verläuft. Hinab zur Straße Oberreute–Sulzberg, an dieser etwa 300 m rechts entlang und links zwischen den Gebäuden des Ferienhofs Walser hindurch über die Wiesen nach **Schnellers (5)**, 860 m

Die **Hausbachklamm** beginnt gleich gegenüber dem ehemaligen Gasthof Traube. Wir folgen dem schönen Bachtal für etwa 1,5 km (nach etwa 500 m besteht die Möglichkeit, rechts über den Weiler Bächen auf etwas kürzerem Weg nach Oberreute zurückzukehren) und steigen dann rechts zu den Häusern von **Längene (6)**, 838 m, hinauf. Dort gehen wir rechts und auf kleinem Sträßchen etwa 1 km durch Wiesen Richtung Südost, bei einer kleinen Häusergruppe erneut über die Straße Oberreute–Sulzberg und links an einem Bauernhof vorbei auf einem Wirtschaftsweg zurück zum **Parkplatz am Freibad (1)**.

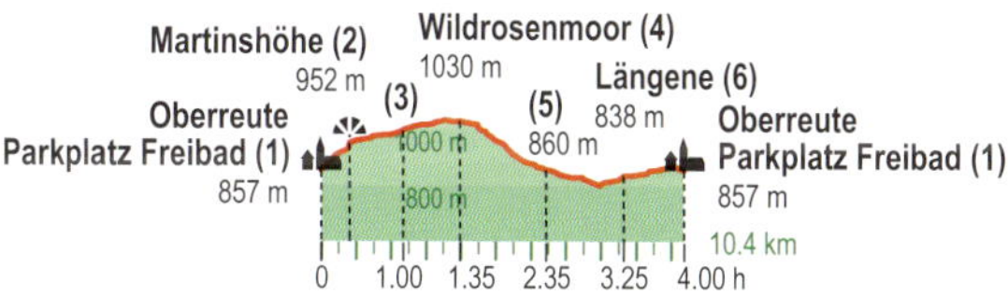

21 Die sieben Riesen im Wald

2.45 Std.

Außergewöhnliches Felsmassiv im Wald

In der stark gegliederten Landschaft im Süden von Weiler mit ihren Weideflächen, Weilern, Wäldern und tief eingeschnittenen Bachläufen versteckt sich ein hoher, schmaler Bergrücken mit teilweise senkrechten Felsabbrüchen. Das ist der Enschenstein, ein mächtiger Nagelfluhfelsen mit bis zu 20 m hohen Wänden, der in der Antike angeblich zweimal als Fliehburg diente. Eine ganz besondere Attraktion aber bieten die sieben malerisch von Moos überwucherten Felstürme im Wald nordwestlich des Enschensteins. Es sind schmale, wilde Figuren, bei deren Anblick man automatisch an Riesen denkt, an »Enzen«, wie ein alter Begriff lautet. Den Ausflug dorthin sollte man zu einer großzügigen Runde durch diese stille Mittelgebirgswelt ausdehnen, die eine Wanderung durch die wildromantische Hausbachklamm mit einschließt.

Ausgangspunkt: Schnellers, 861 m. Bei der Kirche in Weiler Abzweigung der Straße nach Sulzberg; auf ihr 4,5 km nach Schnellers (Navi: 88179 Oberreute, Schnellers 2).
Höhenunterschied: 200 m.
Anforderungen: Forststraßen und Fußwege, am Enschenstein kurzzeitig sehr steil.
Variante: Wer die Tour etwas länger gestalten will, kann in Weiler bei der Kirche beginnen und entlang des Hausbachs gemächlich ansteigen, um dann auf der Höhe von Tobel auf die hier beschriebene Wanderung zu stoßen. An deren Ende dann wieder am Hausbach entlang zurück nach Weiler. Ca. 100 Hm und 2 Std. zusätzlich.

Wasserfall in der Hausbachklamm.

Der Wanderpfad in der Hausbachklamm.

Vom kleinen Parkplatz in **Schnellers (1)** noch über die Brücke, dann links hinab in die tief eingegrabene **Hausbachklamm (2)**. In dem bewaldeten Einschnitt etwa 45 Min. am Bach entlang talwärts, dann auf der Höhe von Tobel auf einer Forststraße links empor und rasch nach **Untertrogen (3)**, 791 m. Hier rechts ab, zwischen den Höfen hindurch und über Wiesen hinüber zum **Mühlbach (4)**. Nun schräg über die Weideflächen aufwärts und nach rechts wieder etwas hinab an den Fuß des Enschensteins. Sehr steil zum Kamm und nach Süden durch Urwald zum Gedenkstein auf dem Gipfel des **Enschensteins (5)**.
Wieder zurück zum Bergfuß. Dort empfiehlt sich ein (pfadloses) Erforschen der »Enzen« im Wald links unten. Dann vom Bergfuß 5 Min. zurück in Richtung Untertrogen zur ersten Wegverzweigung. Hier rechts auf die freie Höhe und zum Waldrand. Kurz danach Verzweigung des Waldsträßchens. Links über eine 866 m hohe Kuppe und zurück nach **Schnellers (1)**.

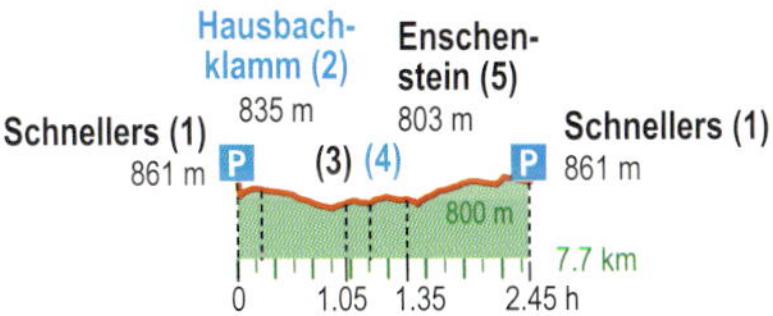

TOP 22

Waldsee und Wasserfälle

4.00 Std.

Zwischen Lindenberg und Scheidegg

Lindenberg und Scheidegg heißen zwei stattliche Orte auf dem letzten Höhenrücken, hinter dem das Gelände dann gegen Westen etwa 400 Hm in das Tiefland mit dem Bodensee abfällt. Die abwechslungsreiche Umgebung, die von vielen gut markierten Wegen durchzogen ist, lädt zu Ausflügen ein. Die Scheidegger (auch Rickenbacher) Wasserfälle, die über gewölbte »Felsbäuche« herabstürzen, bilden einen besonderen Höhepunkt, aber auch die weiten Ausblicke gehören zu dieser Tour. Am Ausgangspunkt lädt der Waldsee nach der Wanderung zu einem erfrischenden Bad.

Ausgangspunkt: Waldsee in Lindenberg, 781 m. Von der Kirche in Lindenberg 200 m Richtung Scheidegg, dann rechts auf der Austraße 1 km bis zum Waldsee mit Freibad; Parkplatz. Busse nach Lindenberg von Lindau/Hergatz/Röthenbach (Navi: 88161 Lindenberg, Austraße 41).

Höhenunterschied: 180 m.
Anforderungen: Angenehme, leicht zu begehende Wald- und Wirtschaftswege, gut markiert.
Einkehr: Kiosk an den Scheidegger Wasserfällen; Gasthäuser am Waldsee und in Gretenmühle.

Vom **Parkplatz (1)**, 781 m, am rechten Waldsee-Ufer entlang, am Freibad-Gebäude vorbei und direkt dahinter nicht links, sondern geradeaus über Wiesen zum Ratzenberger Moor, das wir in weitem Bogen durchwandern. Jenseits des Moors sind es noch etwa 500 m durch Wiesen nach **Allmannsried (2)**, 820 m. Hinter dem oberen/westlichen Dorfende links und über eine

Scheidegg inmitten von Löwenzahnwiesen.

aussichtsreiche Wiese hinüber zu einer ehemaligen Feriensiedlung. Richtung Süden bietet sich ein schöner Blick über Scheidegg mit der Nagelfluhkette im Hintergrund. Oberhalb der Feriensiedlung am Waldrand entlang, dann gleich links und hinunter zu den Häusern von **Lötz (3)**, 788 m. Dort erneut links, kurz durch Wald, über einen Wirtschaftsweg hinweg und nach weiteren 200 m auf einem Sträßchen rechts abwärts zur B 308. Gleich gegenüber befindet sich der **Eingang zu den Scheidegger Wasserfällen (4)**, 720 m (Eintritt, schöner Rundweg, 30–45 Min.). Für die weitere Wanderung etwa 200 m der kleinen Straße südlich des Eingangs folgen und in der ersten Kurve links abbiegen. Kurz darauf bei den Häusern von **Bieslings (5)**, 742 m, erneut nach links und bei **Gretenmühle** (mit **Reptilienzoo**) wieder die B 308 queren. Genau gegenüber an zwei Häusern vorbei und etwa 1 km einen bewaldeten Hang hinauf bis zu einem Wirtschaftsweg, auf diesem rechts über freie Wiesen und nach etwa 10 Min. unter einem Hochspannungsmast links ab. Nach 200 m erreichen wir erneut einen Waldrand, folgen ihm 100 m nach links, gehen dann rechts über die bewaldete Kuppe und in wenigen Minuten auf der anderen Seite wieder hinab in eine Feuchtwiesen-Ebene. (Im Wald verlaufen zahlreiche Wege Richtung Waldsee; falls man also den falschen erwischt, kommt man trotzdem ans Ziel ...). In den Feuchtwiesen im leichten Rechtsbogen hinüber zum Waldsee, an dessen linkem oder rechtem Ufer man zurück zum **Ausgangspunkt (1)** gelangt.

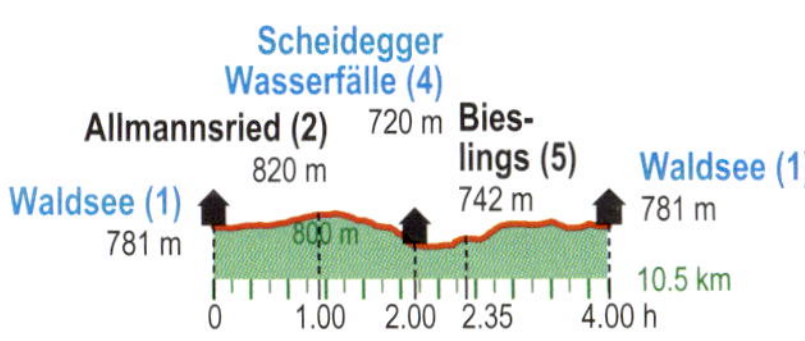

23 Scheidegger und Hasenreuther Wasserfälle

2.30 Std.

Rauschende Naturschauspiele im tiefen Wald

Westlich von Scheidegg warten zwei besonders eindrucksvolle Wasserfälle auf Besucher. In den Scheidegger Wasserfällen stürzt sich der Rickenbach über zwei jeweils rund 20 m hohe Gesteinsstufen in die tief eingeschnittene Rohrachschlucht, etwas versteckt im dichten Wald hat der Riedbach den sehenswerten Hasenreuther Wasserfall geschaffen. Beide Ziele lassen sich im Rahmen einer stillen Wanderung erreichen.

Ausgangspunkt: Scheidegg, Scheidegger Wasserfälle, 720 m. Busse nach Scheidegg von Lindau / Hergatz / Röthenbach (Navi: 88175 Scheidegg, Scheidegger Wasserfälle).
Höhenunterschied: 175 m.
Anforderungen: Ordentliche Forst- und Waldwege, am Hasenreuther Wasserfall bei Nässe rutschig.
Einkehr: Kiosk an den Scheidegger Wasserfällen; Ghs. in Gretenmühle (kurzer Abstecher am Ende der Tour).

Vor der eigentlichen Wanderung stehen die **Scheidegger Wasserfälle**, 718 m, auf dem Programm. Ein schöner Rundweg (Eintritt, ca. 45 Min.) führt vom **Parkplatz (1)**, 720 m, zu den Hauptwasserfällen, die sowohl von oben als auch nach längerem Abstieg von unten bestaunt werden können, sowie zu einem kleinen Nebenfall, unter dem man sogar hindurchgehen kann. Auf Kinder wartet ein Wasserspielplatz.

Die anschließende Wanderung führt uns vom Parkplatz auf einer Teerstraße südwärts, in weiten Bögen zum Weiler Rickenbach und durch Wald und Wiesen allmählich aufwärts. Nach knapp 1,5 km überqueren wir kurz hinter den wenigen Häusern von **Aizenreute (2)**, 804 m, den Riedbach und erreichen im dichten Wald eine Landstraße. An dieser links Richtung Scheidegg, bis nach

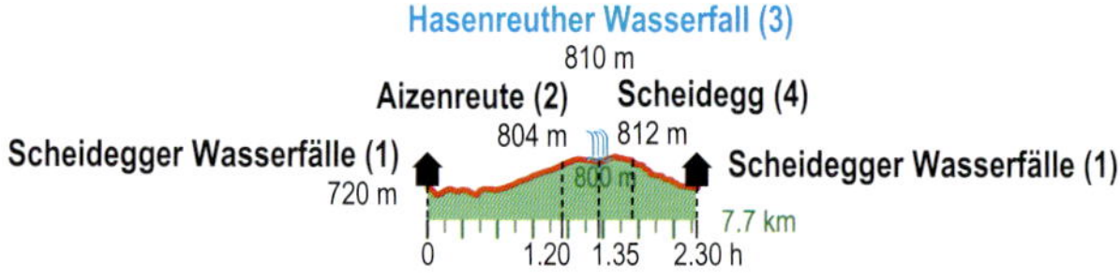

Hasenreuther Wasserfall.

etwa 400 m links ein schmaler, leicht zu übersehender Waldweg in wenigen Minuten zum malerischen **Hasenreuther Wasserfall (3)**, 810 m, hinunterführt. Zurück zur Straße auf gleichem Weg, erneut links an der Straße entlang bis zu den ersten Häusern von **Scheidegg (4)**, 812 m. Gegenüber dem Bergwaldweg links über die Wiesen bis zu einer Geländekante, dort kurz abwärts und schließlich rechts durch den bewaldeten Einschnitt des Riedbaches zurück zum **Parkplatz (1)**.

24 Im Osten von Scheidegg

3.00 Std.

Wiesen, Wälder und freie Höhen

Der rasche Wechsel von üppigen Wiesen und Wäldern, von Hängen, Tälchen und freien Höhen, von Stille, einsamen Weilern und lebendigem Kurort ist das Besondere dieser Wanderung bei Scheidegg. Doch den absoluten Höhepunkt erlebt man erst ganz am Schluss: Vom Kreuzberg, der unmittelbar über den Häusern des Ortes aufragt, wandert der Blick weit über das wellige Land bis hin zu den Gipfeln der Allgäuer Alpen und in den Bregenzerwald.

Bei der Nähe zum Bodensee mag man es kaum glauben, dass Scheidegg etwa in der gleichen Höhe wie Oberstdorf liegt. Der besonderen Lage, aber auch der Nebelarmut, der Luftreinheit und einer durchschnittlichen Sonnenscheindauer von 1800 Stunden jährlich verdankt die Gemeinde ihren »Titel« als heilklimatischer Kurort. Über diese Bedingungen freut sich natürlich auch der Wanderer.

Ausgangspunkt: Alpenfreibad Scheidegg, 790 m. Vom Zentrum in Scheidegg auf der Prinzregent-Luitpold-Straße Richtung Scheffau und am Kurhaus vorbei nach 1,6 km zum Alpenfreibad, Parkplatz. Busse nach Scheidegg von Lindau/Hergatz/Röthenbach (Navi: 88175 Scheidegg, Alpenfreibad).
Höhenunterschied: 200 m.
Anforderungen: Problemlos zu begehende Straßen, Feld- und Fußwege.
Einkehr: Ghs. Ruhmühle, weitere Gasthäuser in Hagspiel, Lindenau, Böserscheidegg und in Scheidegg.

Gleich beim **Parkplatz (1)** über die Straße, dann durch das kleine Dörfchen **Forst (2)**, bei der Verzweigung links und unter der Straße hindurch zur nächsten Gabelung. Hier rechts, durch den Weiler **Häuslings**, dann links über die stets freien Wiesen zur Straße und gegenüber weiter nach **Hagspiel (3)** mit Gasthof. Unmittelbar nach dem Weiler vor einem auffallenden Haus links durch ein Wiesentälchen zum Beginn des **Lehr-**

Auf dem Kreuzberg oberhalb von Scheidegg.

pfads. Auf dem Fahrweg durch Wald und ein idyllisches Tälchen zum versteckten **Gasthaus Ruhmühle (4)** in einsamer Lage. Durch Wald bergauf, dann über die Wiesen nach rechts durch Ablers nach **Schalkenried (5)**.
Beim letzten Haus geradeaus und hinüber nach **Böserscheidegg (6)**. Auf der Straße wenige Meter nach rechts, dann wieder links abbiegend und vor dem letzten Haus noch einmal links. Über die freien Flächen in einem Bogen nach **Buflingsried (7)**.
Nach dem Dörfchen rechts ab und über die Wiesen zu den ersten Häusern von Scheidegg. Durch die Siedlung zur Hochgratstraße. Auf ihr 2 Min. aufwärts, dann links zur St. Galluskapelle und auf dem Höhenrücken mit herrlichem Blick auf den **Kreuzberg (8)**, 866 m. Von ihm nach Westen hinab, bei der ersten Verzweigung im spitzen Winkel nach links und durchs Feriendorf der Post zurück zum **Bad (1)** und zum Parkplatz.

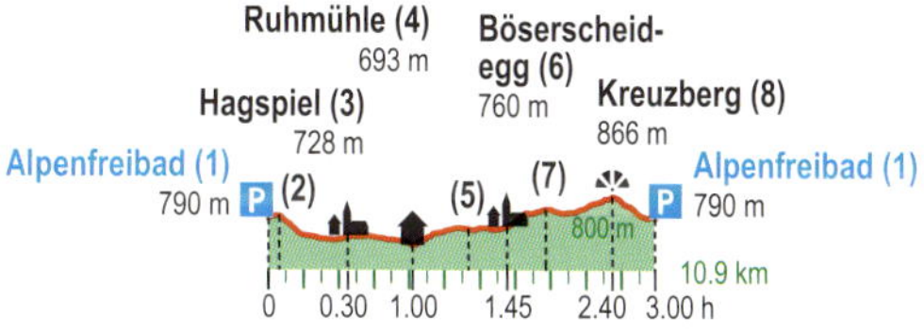

25 Hirschberg, 1095 m

4.30 Std.

Höchster Berg im Grenzland

Nicht der berühmte Pfänder ist die höchste Erhebung in dem Bergmassiv südlich von Weiler und Scheidegg, sondern der Hirschberg. Seine wiesenbedeckte Kuppe ragt deutlich über den Wäldern empor, entsprechend eindrucksvoll ist der Rundblick von oben, etwa auf die Schweizer Alpen. Unsere Route bekommt mit der Durchquerung des Kesselbachtobels auf dem Katzensteg eine etwas (rutschig-)abenteuerliche Note. Bequeme Besucher können von Langen in Vorarlberg bis oberhalb von Hirschbergsau mit dem Auto fahren.

Ausgangspunkt: Scheffau, 674 m, 5 km südlich von Scheidegg. Im Ort an der Kirche vorbei nach Nordwesten zum großen Parkplatz am Sportgelände (Navi: 88175 Scheidegg-Scheffau, Haslacher Straße).
Höhenunterschied: 600 m.

Anforderungen: Am Katzensteg kleiner, steiler Fußweg, bei Nässe sehr rutschig, sonst gut zu begehende Sträßchen und Fußwege.
Einkehr: Ghs. in Scheffau; Hirschbergalpe, 1052 m.

Vom **Sportplatz (1)** auf dem Sträßchen erst durch Wald, dann über schöne wellige Höhen zu den Bauernhöfen von **Haslach (2)**. 600 m weiter links kurz abwärts zur Katzenmühle und wieder empor nach **Schirpfentobel (3)**. Am

Blick vom Hirschberg Richtung Nordosten.

großen Hof rechts vorbei, dann beim Kreuz links zu einem kleinen Hof mit großartigem Blick auf die Berge des Bregenzerwaldes. Etwa 50 m am Zaun entlang, dann ohne Weg gerade über die Wiesen hinab zum Waldrand, wo der Steig wieder beginnt. Recht steil abwärts zum Kesselbach, über den **Katzensteg (4)** – Grenze –, drüben wieder ein gutes Stück empor zu den Wiesen von Hirschbergsau und zur Straße etwas oberhalb der Häuser. Auf ihr aufwärts zur Verzweigung am Rand einer Wiese.
Links weiter durch Wald zu den schönen Höhen von **Wart (5)**. Erneut durch Wald, dann rechts ab und auf einem Fußweg empor zum freien **Gipfelrücken** (rechts die zeitweise bewirtschaftete **Hirschbergalpe**) und auf den höchsten Punkt des **Hirschbergs (6)**, 1095 m.
Abstieg auf der gleichen Route, doch dann ins Dorf **Hirschbergsau (7)**. (Hierher auch – wesentlich weiter – über Ahornach und Hegisberg.) Vor dem Ortsende geradeaus auf einem Weg über die Wiesen zu drei Häusern und zur Geländekante. Hinab zum **Scheffauer Steg (8)** – Grenze – und empor zum **Ausgangspunkt (1)**.

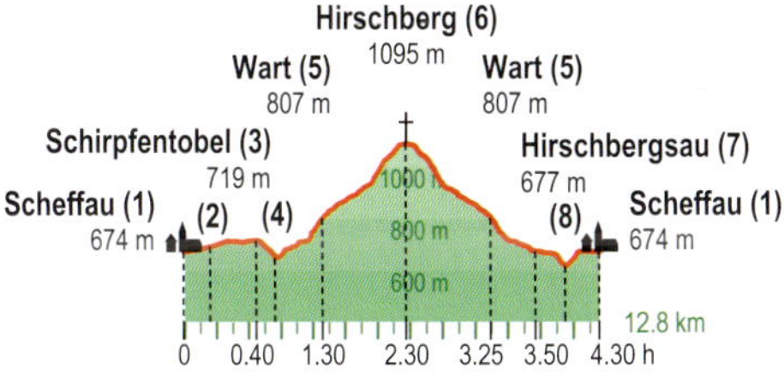

TOP

26 Zwischen Scheidegg und Pfänder

3.15 Std.

Hoch über dem Bodensee

Ein 8 km langer Bergkamm trennt das Bodenseegebiet vom Westallgäu bei Weiler. Während meist dichter Wald die Abhänge bedeckt, sind die Höhen teilweise frei und bieten dann einen großartigen Blick. Dazu gehört ebenso der Bodensee – 660 m tiefer – wie ein weites Alpenpanorama. Berühmt ist der durch Seilbahn und Straße erschlossene Pfänder. Die Wege über diese Höhen locken manchen Wanderer an.

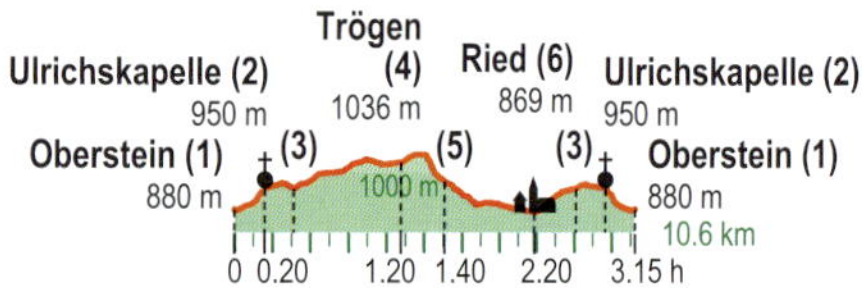

Ausgangspunkt: Oberstein, 880 m. Vom Zentrum in Scheidegg auf der Prinzregent-Luitpold-Straße zum Kurhaus, dort rechts ab und 1,7 km zur Verzweigung in Geisgau. Hier geradeaus noch 600 m nach Oberstein. Beschränkte Parkmöglichkeiten am Straßenrand (Navi: 88175 Scheidegg, Oberstein); alternativer Startpunkt in Möggers.
Höhenunterschied: 350 m.
Anforderungen: Fahr- und Fußwege.
Einkehr: Riedstüble in Ried, 869 m; Gasthof Paradies, 881 m, in Lutzenreute im Abstieg von Schüssellehen (Wegpunkt 5).
Variante: Die Tour von Oberstein auf den aussichtsreichen Pfänder, 1064 m, mit verschiedenen Einkehrmöglichkeiten ist insgesamt recht lang. Von den Wiesen von Trögen (Wegpunkt 4) sind bis zum 1064 m hohen Gipfel noch gut 4 km zu bewältigen. Man folgt am besten dem sogenannten Höhenweg, die Rückkehr erfolgt auf der gleichen Route.
Tipp: Seit 2011 gibt es bei Oberschwenden den »Skywalk Allgäu« mit einem 540 m langen »Baumwipfelpfad« aus Metall in einer Höhe von bis zu 40 m und weiteren Attraktionen. Wer so etwas mag, kann von der Ulrichskapelle (Wegpunkt 2) aus einen kurzen Abstecher machen.

Kapelle bei Trögerhöhe.

Vor den Häusern von **Oberstein (1)** rechts hinab. Im Wald erst etwas nach rechts, dann geradeaus aufwärts, schließlich auf einem Fußweg zur versteckten, schon 1000 Jahre alten **Ulrichskapelle (2)** – Grenze. Im Wald weiter aufwärts, dann kurz hinab zur Kirche von **Möggers (3)** mit herrlichem Blick. Links zum letzten Haus. Bei der Verzweigung auf dem oberen Weg über Wiesen sanft empor, dann durch langgestreckte Wälder über einen hohen Waldkopf, 1066 m, zu den freien Flächen von **Trögen (4)**. Am Fuß des Hochbergs, 1069 m, bei der Verzweigung auf dem Weg M 1 rechts um diesen begrünten Kopf (Bodenseeblick), dann über **Schüssellehen (5)** hinab bis vor Lutzenreute. Rechts und auf dem Riedweg durch ein Tal nach **Ried (6)**. Rechts ab, empor nach **Möggers (3)** und an der **Ulrichskapelle (2)** vorbei zurück nach **Oberstein (1)**.

27 *Ellhofner Tobel und Balzerberg*

2.00 Std.

Berg- und Talwanderungen mit Variationen

Die unerwartet schönen und weiten Ausblicke sind die besondere Note dieser eher stillen Wanderung. Ein schönes Kontrastprogramm dazu bietet der Ellhofner Tobel, ein unberührtes, romantisches, bei schlechtem Wetter allerdings auch feuchtes Bachtal in der Nähe von Ellhofen.

Ausgangspunkt: Parkplatz bei Rutzhofen, 850 m. Von Stiefenhofen nach Westen ins nahe Mittelhofen und rechts abbiegend nach Rutzhofen. Noch im Ort nach links (Schild »Berbruggen«) und auf dem Sträßchen 500 m zur Abzweigung des Wegs zum Balzerberg. Auf diesem 40 m zu einem Miniparkplatz im Wald (Navi: 88167 Stiefenhofen, Rutzhofen).
Höhenunterschied: 200 m.
Anforderungen: Meist ordentliche Fußwege, im Tobel evtl. nass.
Einkehr: Café Katharina in Balzhofen (Abstecher).

Variante: Hertnegg-Runde. Von der Brücke durch den freundlichen Ellhofner Tobel aufwärts zur Lerchenmühle. Gleich jenseits der Straße weiter auf Feld- und Fußwegen über Wiesen und durch Wald zu einem Bach, dann nach rechts empor nach Hertnegg. 500 m auf der Straße mit freiem Blick nach Süden und Norden, dann auf einem Feldweg nach links gemütlich über freie Wiesen hinab in den Weiler Mittelhofen. Zwischen den Häusern hindurch zur großen Straße, links ins nahe Rutzhofen und zurück zum Ausgangspunkt.

Blick vom Balzerberg Richtung Norden.

Vom kleinen **Parkplatz (1)** zurück auf die Straße. Auf ihr nach Westen und Süden um den Berg herum – herrlicher Blick nach Norden und Westen – zu den Höfen von **Berbruggen (2)**. Im weiten Bogen hinab zur **Tobelmühle** im tiefen Tal des Röthenbachs. Im Tal etwa 15 Min. nach Süden zu einem etwas vernachlässigten Haus. Hier auf dem breiten Weg nach rechts aus dem Tal auf die freien Höhen und auf dem Tobelrandweg zu den bescheidenen Resten der einstigen **Burg Ellhofen (3)**. Noch ein Stück auf der Höhe, dann hinab zur Brücke im **Ellhofner Tobel (4)**, 100 m abwärts zur schönsten Stelle des Tobels. Gegenüber empor zum Waldrand, längs der Baumreihe kurz empor, dann auf dem Feldweg nach rechts zu einer Verzweigung. Hinauf an den Fuß des **Balzerbergs (5)**, dort rechts um den Rücken – sehr schöner Blick nach Süden – später im Wald nach Norden zurück zum Auto.

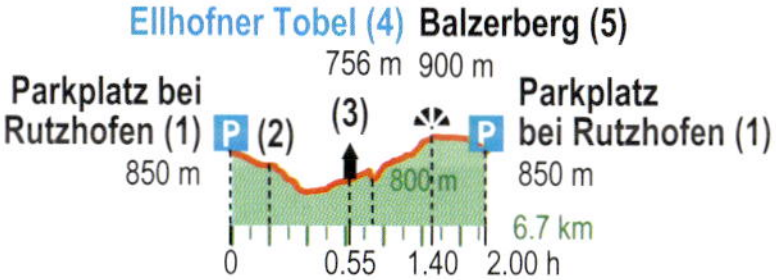

28 Stille Höhen südlich von Ebratshofen

3.30 Std.

Wald- und Wiesenlandschaft mit weiten Ausblicken

Dieser Ausflug führt über unberührte Höhen, abgelegene Lichtungen und durch Hochwald und immer wieder genießt man freie Ausblicke. Weit verstreut liegen die Höfe hier oben, eine ganz typische Bauernlandschaft des Westallgäus. In diesen Lagen ist nur noch Vieh- und Holzwirtschaft möglich.

Ausgangspunkt: Abzweigung bei Oberthalhofen, 790 m. In Stiefenhofen knapp östlich der Kirche zweigt eine Straße ab, die steil hinabführt ins Argental und nach Oberthalhofen. Bei der Kreuzung im Ort geradeaus, dann unter der Bahn hindurch und noch etwa 500 m zur Abzweigung des Weges nach Schwanden. Beschränkte Parkmöglichkeit am Straßenrand (Navi: 88167 Stiefenhofen, Unterthalhofen).
Höhenunterschied: 300 m.

Anforderungen: Alles von Teersträßchen bis zu weglosen Weideflächen. Keine anspruchsvollen Stellen, es ist jedoch Aufmerksamkeit bei der Orientierung notwendig.
Einkehr: Gasthäuser in Ebratshofen und Stiefenhofen; Königsalpe, 904 m (Abstecher).
Variante: Nutzt man den Abstieg nach Jungensberg, dann verkürzt sich die Gehzeit auf ein Drittel.

Schwanden und Kapf von Südosten.

Bei der **Abzweigung (1)** auf die Teerstraße und über Wiesen und zwischen Bäumen empor zu den freien Flächen hinter dem **Kapf** und zu den einsamen Höfen von **Schwanden (2)**. Nun auf kleinerem Weg in der gleichen Richtung weiter über die breiten Höhen, teilweise im Wald, zu einer Abzweigung (Abstieg nach Jungensberg). Noch einmal etwas aufwärts auf einen 1012 m hohen, **bewaldeten Kopf (3)**. Am Waldrand entlang abwärts zu den freien Wiesen und weiter zu einem schlanken Kreuz am **Fernberg (4)**. Abstecher zur Königsalpe möglich.

Hier nun etwas nach rechts über Gras ohne deutlichen Weg zu den bereits sichtbaren Häusern von **Pferrenberg (5)**. Auf einem Sträßchen in Schleifen etwa 15 Min. abwärts, bis nach einem letzten Waldstück links ein steilerer Weg ins Bachtal hinabführt. Beim ersten Hof im Argental links und in einem Bogen nach **Ebratshofen (6)**, 759 m. Nach dem letzten Haus noch ein paar Min. entlang der Autostraße, dann links über die Argenbrücke. Auf dem Sträßchen an einzelnen Höfen vorbei empor nach **Jungensberg (7)** und über die meist freien Höhen nach Süden zurück zum Auto bei **Thalhofen (1)**.

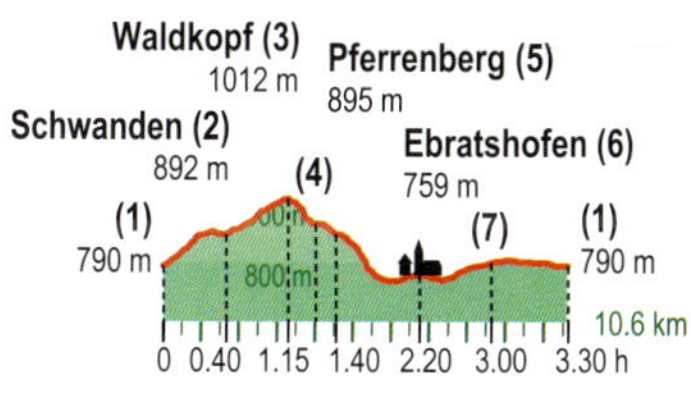

29 Rund um Stiefenhofen

3.30 Std.

Am Ursprung der Oberen Argen

Die Obere und die Untere Argen sind zwei kleine Flüsse, die auf ihrem Weg hinunter zum Bodensee weitgehend unverbaut und naturnah das südliche Westallgäu durchfließen. Bei Stiefenhofen hat die noch junge Obere Argen ein idyllisches Tälchen geschaffen, das wir auf dieser gemütlichen Runde ebenso erwandern wie die weiten, offenen Wiesen rund um Stiefenhofen, von denen sich herrliche Ausblicke in Richtung Nagelfluhkette bieten.

Ausgangspunkt: Stiefenhofen, 806 m, kleiner Parkplatz ca. 200 m nördlich des Ortes Richtung Harbatshofen, auf einer Kuppe (Navi: 88167 Stiefenhofen, Hauptstraße).
Höhenunterschied: 150 m.
Anforderungen: Leichte Tour, Feldwege, teils asphaltierte Nebenstraßen ohne nennenswerten Verkehr.
Einkehr: In Oberthalhofen, Harbatshofen und Stiefenhofen.

Vom **Parkplatz (1)**, 824 m, an der Straße entlang hinunter in den Ort und kurz hinter der Kirche rechts in den Kirchholzweg. Nach gut 100 m links abbiegen und dem Sträßchen einen knappen Kilometer durch die Wiesen folgen. Vor dem **Gehöft Ranzenried (2)**, 820 m, links ab und am Waldrand entlang zu einer Landstraße. Etwa 60 m nach rechts, dann auf der gegenüberliegenden Seite in die Wiesen. Leicht hinauf zu einigen Häusern und nach einer scharfen Rechtskurve mit freiem Blick auf die Berge wieder abwärts. Nach ca. 300 m links, an einem Bauernhaus vorbei und hinunter ins Tal. Über die **Eisenbahngleise (3)**, 783 m, und gleich dahinter links. Vor uns liegt

Argental.

Typisches Westallgäu zwischen Stiefenhofen und Ranzenried.

nun das hübsche, stille Tälchen der hier noch ganz jungen Oberen Argen, an deren Ufern wir nordwärts wandern. Nach einer halben Stunde ist **Oberthalhofen (4)**, 760 m, erreicht. Das Tal weitet sich etwas und bringt uns nach einem weiteren Kilometer (Straße, kaum Verkehr) bis in Sichtweite einer **Eisenbahnbrücke**. Dort links kurz steil die Straße hinauf, dann erneut links und am Waldrand hinüber nach **Harbatshofen (5)**, 775 m. Auf der Hauptstraße wenige Schritte rechts bergab und gleich wieder links. An einigen Häusern entlang und dann im Linksbogen hinauf zum Waldrand. Durch den Wald hindurch und schließlich zurück zum **Parkplatz (1)**. Etwas oberhalb davon befindet sich ein schöner Aussichtspunkt mit Blick über Stiefenhofen.

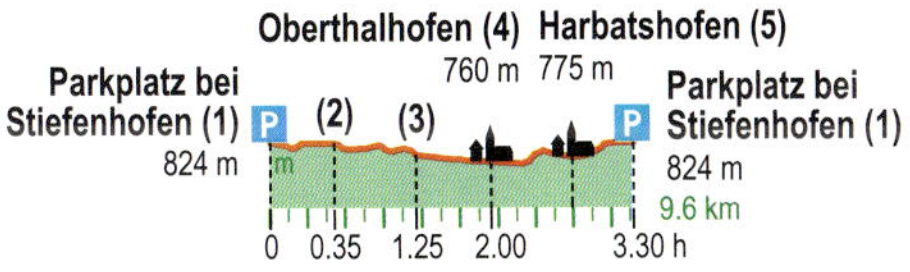

TOP 30 Eistobel und Riedholzer Kugel, 1066 m

3.30 Std.

Eindrucksvoller Tobel der Oberen Argen

Zwischen Schüttentobel mit dem riesigen Holzwerk und dem Gebiet von Grünenbach durchbricht die Obere Argen die Berge in einer tiefen Schlucht. Das Wasser konnte sich hier in die relativ weichen Konglomerat- und Sandsteinfelsen (geologisch: Süßwassermolasse) einschneiden und schuf sehenswerte Wasserfälle, von mächtigen Blöcken gebildete Engpässe und glatte Felsflächen. Bei tiefen Temperaturen entstehen im Bachbett malerische Eisgebilde; das führte zum Namen Eistobel. Der Besuch des großartigen Bachtals lässt sich mit einer Überschreitung der Riedholzer Kugel abrunden.

Ausgangspunkt: Riedholz, 720 m, etwa 6 km südlich von Isny. Von Maierhöfen noch ca. 2 km südwestwärts zum Weiler Riedholz; Parkmöglichkeit am östlichen Ortsrand (Navi: 88167 Maierhöfen, Riedholz). Busfahrer beginnen die Wanderung am besten an der »Eistobelbrücke«, Wegpunkt 7, Busse mehrmals täglich ab Isny.

Höhenunterschied: 450 m.
Anforderungen: Fußwege, teilweise auch steiler, im Tobel evtl. rutschig.
Einkehr: Ghs. in Riedholz.
Variante: Alternative ohne Straßen: Aus dem Eistobel wieder empor zum Eissteg und auf einem Wald- und Feldweg zurück nach Riedholz.

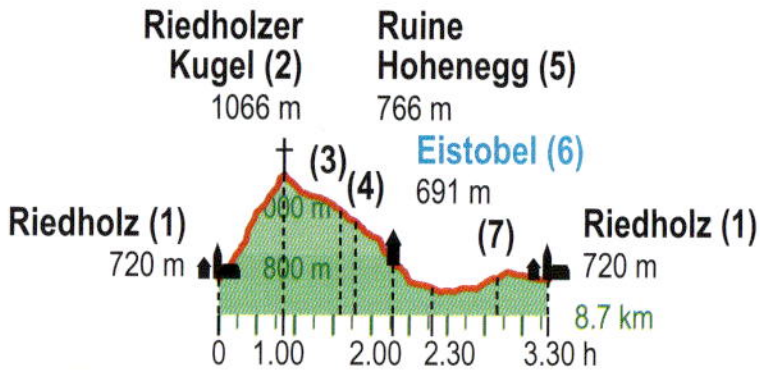

Im Eistobel.

Direkt bei der Straßenverzweigung von **Riedholz (1)** durch ein Gatter und über die Weide zum Waldrand. Auf dem Steiglein stets längs der Geländekante im Wald und über Lichtungen auf die **Riedholzer Kugel (2)**, 1066 m, die etwas nach Norden vorgebaut ist.
Nun nach rechts und über den Südwestrücken der Kugel bis kurz vor den **Iberg (3)**. Hier nun links in die Flanke und hinab zu den Häusern von **Hohenegg (4)**, 910 m. Nach Südwesten zum Waldrand hinab, dann rechts auf dem Waldweg durch ein Tälchen zu einer Verzweigung. Geradeaus zu einer Kapelle – darüber die wenigen Reste der **Burg Hohenegg (5)** – und auf einem steilen, steinigen Weg in den Tobel. Talaus unter glatten Felsflächen zum Eissteg und in den eigentlichen **Eistobel (6)**. In dem sehr malerischen Tal weiter nach Nordwesten zum **Argenviadukt (7)**. Links über die steilen Waldhänge empor zur Geländekante mit Info-Pavillon und Kasse, über die Brücke und 600 m auf der Straße Richtung Maierhöfen. Dann rechts ab und zurück nach **Riedholz (1)**.

31 Im Süden von Isny

3.15 Std.

Rundwanderung in weiter Bauernlandschaft

Schönstes Westallgäuer Bauern- und Hügelland! Die von Wiesen bedeckten Höhen mit den hindernislosen Ausblicken bis hinüber zu den großen Bergen sind so herrlich, dass sie mit Tour 31 und 32 zwei Wanderungen »verdienen«, die einander auf dem Wegstück zwischen Schweineburg und Hubers berühren. Man ist in fast waldfreiem Gelände unterwegs. In diesen Höhen bis über 800 m konzentrieren sich die Bauern zwangsläufig ganz auf die Viehwirtschaft; nicht umsonst sind Milch und Käse die Allgäuer Produkte schlechthin.

Ausgangspunkt: Parkplatz bei den Tennisplätzen hinter dem Waldbad, 750 m. In Isny Richtung Lindau und Wangen zur ersten Ampel. Nun links und 500 m auf der Maierhöferstraße. Rechts durch Wald bis zu den Tennisplätzen (Navi: 88316 Isny, Lohbauerstraße 70).
Höhenunterschied: 250 m.
Anforderungen: Bauernstraßen und Feldwege, nur ein kurzer Abstieg auf undeutlichem Fußweg.
Einkehr: Gaststätte beim Waldbad.

Typisches Westallgäu bei Lengersau; in der Ferne die Nagelfluhkette.

Vom Ende des großen **Parkplatzes (1)** auf dem Sträßchen in einem Bogen über die Wiesen aufwärts zu einer Verzweigung. Nun entweder rechts auf einem etwas kleineren Weg über freies Gelände oder links durch **Birkach (2)** und **Altringenberg**. Nun auf eine Höhe, 840 m, dann kurz durch Wald und anschließend wieder in freiem Gelände nach **Schweineburg (3)**. Stets sehr schöne Ausblicke.

Nach dem letzten der Höfe an der Straße links abzweigend (Schilder) hinab zu einem einzeln stehenden Hof. Ein wenig nach links zum Waldrand. An ihm entlang auf undeutlichem Steig steil abwärts zu einem weiteren Hof und halbrechts auf dessen Zufahrtsweg nach **Hubers (4)**. Auf der Straße wenige Meter nach links, dann schräg hinab zum Bach und jenseits über Schnattern nach **Horben (5)**.

Auf dem weiten Höhenrücken hoch über der Oberen Argen auf dem Sträßchen nach Osten. 500 m hinter **Kenners (6)** links auf einem Feldweg nach **Straß (7)** und immer geradeaus bis hinab ins Tal. 400 m auf der Straße Richtung Isny, bis in **Ehrhafts (8)** nach einer Kurve der Feldweg zurück zum **Parkplatz (1)** abzweigt. Beim benachbarten **Waldbad** befindet sich eine Gaststätte.

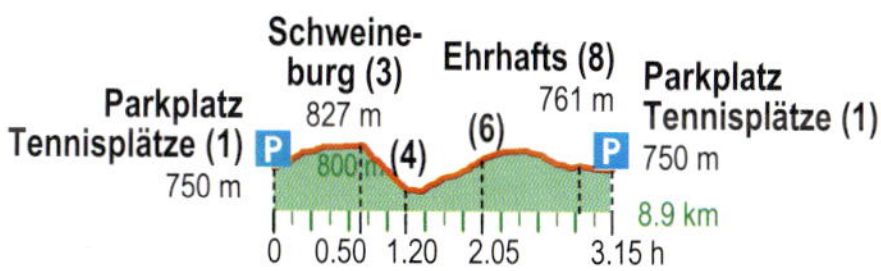

32 Zwischen Argen und Schweineburg

3.15 Std.

Berg- und Talwanderung bei Gestratz

Zwischen Gestratz im Tal der Oberen Argen und dem Weiler Schweineburg liegen gut 200 m Höhenunterschied! So hat dieser Ausflug im Südwesten von Isny schon einen Anstrich von Bergwanderung, zumal an zwei Stellen die Wege undeutlich sind und ein wenig Orientierungsvermögen erfordern. Der Gegensatz von Bachtälern zu freien Höhen mit Blick bis in die Schweizer Berge, von ausgedehnten Wiesenflächen und Wald sorgt für Spannung und Abwechslung. Unterwegs begegnet man zudem eher Bauern als Wanderern.

Ausgangspunkt: Gestratz, 630 m, ca. 8 km südwestlich von Isny. Parkplatz genau in der Ortsmitte. Mehrmals täglich Busse Isny–Gestratz–Röthenbach Bhf. (Navi: 88316 Gestratz, Schulstraße 1).

Höhenunterschied: 300 m.
Anforderungen: Meist Fahrwege, teilweise kleine, undeutliche Fußwege.
Einkehr: Ghs. in Gestratz; Ausflugsgaststätte Maleichen, 611 m.

Von **Parkplatz (1)** wenige Meter auf der direkten Straße Richtung Brugg, dann links über einen Hof zu einem Fußweg. Am Zaun entlang auf die Höhe und über eine Wiese zur Straße bei einem Kreuz. Über einen Feldweg nach **Altenburg (2)** und rechts am äußersten Hof vorbei. Jenseits auf einem klei-

Bei Schweineburg.

nen Feldweg ins Tal des Rutzenbachs und in wenigen Minuten nach **Maleichen (3)** im Tal der Oberen Argen. Nach der Brücke rechts in ein Waldtälchen, dann rechts über den Bach und hinauf nach **Hochglend (4)**.
Auf einem Sträßchen wandern wir über die schönen, freien Höhen, bei der ersten Verzweigung links, bei der zweiten rechts. Durch **Isnyberg/Isnerberg (5)** hinab ins Tal und auf der größeren Straße rechts ins nahe **Dorenwaid (6)**. In der Ortsmitte links ab und rasch empor nach **Lanzenberg (7)**. Nun in südlicher Richtung über die immer freieren Höhen nach **Schweineburg (8)**. Auf der Straße nur wenige Meter nach rechts, dann hinab zu einem Hof und etwas nach links zum Waldrand. An ihm entlang auf undeutlichem Steig steil abwärts zu einem weiteren Hof und halbrechts auf dessen Zufahrt nach **Hubers (9)**. 300 m auf der Straße nach rechts, dann vor einem Hof links hinab ins Kössentöbele und zurück nach **Gestratz (1)**.

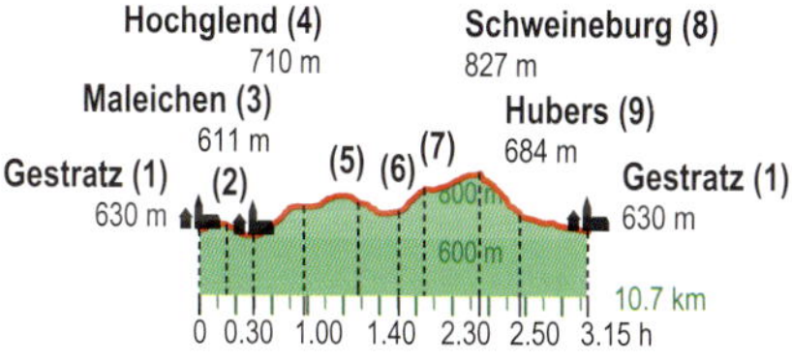

Von Wangen in die Bäderregion

Auf den folgenden Seiten wird das Gebiet zwischen Isny, Leutkirch, Bad Wurzach, Bad Waldsee und dem Argenzusammenfluss südwestlich von Wangen beschrieben. Diese Landschaft, das Westallgäu, zeichnet sich durch besonderen Formenreichtum aus. Alles ist kleinräumig und damit ungewöhnlich abwechslungsreich, man findet ein »Meer« von Höhen und Hügeln, zwischen denen sich Moore und unzählige kleine Seen verbergen. Die vielen Grasflächen ermöglichen die weiten Ausblicke bis in die Alpen. Auch die historischen Orte wie das Schmuckkästchen Wangen, sehenswerte Kirchen und zahlreiche Schlösser etwa bei Eglofs, in Kißlegg, Wolfegg, Waldburg, Bad Waldsee, Bad Wurzach usw. schaffen ein weiteres Element in diesem interessanten Landstrich. Als Landschaftsarchitekt war der eiszeitliche Rheingletscher im Westallgäu aktiv. Er hobelte die Höhen rund und schürfte die Senken aus, die sich nach dem Abschmelzen des Eises mit Seen und Mooren füllten. So entstand auch das Wurzacher Ried: Der einstige See verlandete, es entstand ein Flach-, später ein Hochmoor (Torf bis zu einer Mächtigkeit von 10 m). Mit seiner Fläche von 14 km² gilt dieses Ried als die größte intakte Moorfläche Mitteleuropas. Ein besonderes Phänomen sind die Drumlins, Hügel in elliptischer Form. Das Eis des Rheingletschers war über älteren Moränenschotter geflossen und hatte daraus – unter der Eisdecke! – Scharen dieser länglichen Kuppen geformt, die noch heute die Landschaft prägen.

Hochmoorlandschaft im Taufachmoos (Tour 35).

Touristeninformationsstellen in der Region

Touristinfo Argenbühl, Kirchgasse 9, 88260 Argenbühl-Eisenharz, Tel. +49 7566 9402-10, www.argenbuehl.de.
Bad Wurzach Info, Rosengarten 1, 88410 Bad Wurzach, Tel. +49 7564 302150, www.bad-wurzach.de.
Isny Marketing GmbH, Unterer Grabenweg 18, 88316 Isny im Allgäu, Tel. +49 7562 97563-0, www.isny.de.
Gäste- und Bürgerbüro Kißlegg, Neues Schloss, 88353 Kißlegg, Tel. +49 7563 936142, www.kisslegg.de.
Touristinfo Leutkirch, Gotisches Haus, Marktstr. 32, 88299 Leutkirch, Tel. +49 7561 87-154, www.leutkirch.de.
Gästeamt Waldburg, Hauptstr. 20, 88289 Waldburg, Tel. +49 7529 9717-10, www.region-waldburg.eu.
Gästeamt Wangen, Bindstr. 10, 88239 Wangen im Allgäu, Tel. +49 7522 74211, www.wangen.de.
Wolfegg Information, Rötenbacher Str. 13, 88364 Wolfegg, Tel. +49 7527 9601-51, www.wolfegg.de.

Argenbühl, 681 m

Zur großflächigen Gemeinde gehören die Orte Eisenharz, Eglofs, Siggen, Christazhofen, Göttlishofen, Ratzenried sowie zahllose Weiler und Einzelhöfe. Die hügelige Landschaft (Bühl = Anhöhe) sowie die Untere und Obere Argen führten zum Namen Argenbühl. – Moorfreibad bei Eglofs und Hallenbad im Ort, Bademöglichkeit im Oberen Schlossweiher bei Ratzenried und im Buchweiher bei Siggen. 60 km Loipen.

Bad Wurzach, 653 m

Die einstige Residenzstadt der Truchsessen von Waldburg liegt zwischen einer von Wiesen überzogenen Hügelwelt im Süden und dem 14 km² großen Naturschutzgebiet Wurzacher Ried unmittelbar nördlich (malerisch der Riedsee mit vielen Wasservögeln, den man vom Schwimmbad aus erreicht). Der Stadtkern wird vom Barockschloss beherrscht, in dem vor allem das lichte, dreistöckige Treppenhaus mit seinen reich verzierten Ballustraden imponiert. Wurzach ist das älteste Moorheilbad Württembergs. – Golfplatz mit 18 Löchern. Hallenbad und geheiztes Freibad, Bademöglichkeit im Holzmühleweiher.

Isny, 709 m

Diese reizvolle Kleinstadt liegt in einer weiten Hügellandschaft nahe den ersten etwas höheren Bergen (Schwarzer Grat, 1118 m). Die Altstadt mit ihren Mauerresten (Stadtmauer mit Wehrgang), Toren und Türmen, den engen Straßen und der Pfarrkirche mit vielen romanischen Elementen erinnert noch an alte Zeiten. Wie so oft verdankt auch Isny das malerische Aussehen seinem einstigen Status als freie Reichsstadt. Noch heute ist genau die fast runde Anlage aus dem Mittelalter erhalten. – Segelflugplatz Rotmoos, Waldbad und Campingplatz im Süden von Isny, Kureinrichtungen auch im nördlich benachbarten Neutrauchburg. Interessante Loipen im Umland.

Blick von der Alttanner Kirche ins Tal der Wolfegger Ach (Tour 45).

Kißlegg, 648 m

In Kißlegg, dem Städtchen zwischen den beiden Seen, findet man drei interessante Gebäude: die Kirche St. Gallus mit Rokokoaltar und wertvollem Silberschatz, die von Georg Fischer 1738 barock umgestaltet wurde; das Alte Schloss mit seinen Staffelgiebeln aus dem 17. Jahrhundert, das noch heute im Privatbesitz der Grafen von Waldburg-Wolfegg ist; das Neue Schloss von 1721 mit den acht lebensgroßen Sibyllen von Josef Anton Feuchtmayer, davor ein Schlosspark im englischen Stil. In der Herrenstraße stehen Häuser aus dem 17. und 18. Jahrhundert. – Mineralwasser aus 980 m Tiefe, Thermalbad. Segelflugplatz in Fischreute. Naturbadestrand am Obersee.

Leutkirch, 654 m

Die Große Kreisstadt im Nibelgau, wie das Land rundum bezeichnet wird, schaut auf eine 1200-jährige Geschichte zurück. An die einstige freie Reichsstadt erinnert die Anlage des Stadtzentrums mit seiner gotischen Pfarrkirche und dem barocken Rathaus. Im Nordwesten, jenseits des Talbodens, thront auf einer Höhe das Schloss Zeil, eine großzügige Anlage mit interessanter Kirche. – Flugplatz bei Unterzeil. Freibad am Stadtweiher, Moorbad am Hinterweiher, Campingplätze am Ellerazhofer Weiher und am Hinterweiher.

Waldburg, 723 m

53 m über dem Dorf thront die Burg der Truchsessen von Waldburg und bietet einen herrlichen Blick bis in die Alpen. Die Ritterburg blieb seit ihrem Bau im 16. Jahrhundert unverändert! Zur Gemeinde gehören auch 50 Weiler und Einzelhöfe.

Wangen im Allgäu, 556 m

In der einstigen freien Reichsstadt (seit 1286), ganz im Westen des Allgäus gelegen, blieb ein ungewöhnlich großer Teil des historischen Stadtkerns erhalten. Der Besucher sollte sich Zeit für einen Bummel durch die von Mauern umschlossene Altstadt nehmen. Es gibt viel zu sehen: drei mächtige, teils aufwendig verzierte Tortürme, sehenswerte Fachwerkhäuser, ein frühbarockes Rathaus mit angebautem Turm, die St. Martinskirche mit Elementen aus dem 13. Jahrhundert, moderne Brunnen usw. – Großzügiges Freibad »Stefenshöhe« mit mehreren Becken.

Wolfegg, 672 m

Wolfegg liegt zwischen einer weiträumigen, von Wiesen überzogenen Hügelwelt und ausgedehnten Wäldern, in der Nähe gibt es zudem zahlreiche Weiher und Moorseen. Der Ort wird vom Wolfegger Schloss (Privatbesitz) beherrscht, das hoch über der Ach thront, einer gepflegten, weiträumigen Anlage aus der Renaissancezeit mit barockem Rittersaal. Auf dem gleichen Areal steht die Barockkirche von 1742 mit ihrer reichen Innenausstattung, ein Werk des Baumeisters Fischer aus Füssen. In Wolfegg herrscht ein reges kulturelles Leben mit Konzerten, Festspielen und Kunstausstellungen. – Bademöglichkeiten in Stockweiher, Metzisweiler Weiher und Premer Weiher im Nord- bis Südosten von Wolfegg. Bauernhaus-Museum; Automuseum mit 200 Oldtimern.

Marktplatz von Eglofs (Tour 38).

33 Schwarzer Grat

3.00 Std.

Schöner Aussichtsturm in der dichtbewaldeten Adelegg

Die Adelegg ist ein über 100 km² großes Waldgebiet östlich von Isny, dünn besiedelt, von langen Bergkämmen bis über 1100 m Höhe geprägt, zwischen denen kreuz und quer tiefe Täler liegen. Das »dunkle Herz des Allgäus«, das so ganz anders wirkt als das von offenen Wiesen, Weiden und Kühen dominierte übrige Allgäu, ist eine einsame und stille Landschaft, die über viele Jahrhunderte nur für Holzfäller und Glasmacher von Interesse war. Auf dem höchsten Punkt des westlichen, württembergischen Teils der Adelegg, dem 1118 m hohen Schwarzen Grat, steht seit Anfang der 1970er-Jahre ein Aussichtsturm, von dem der Blick über die Baumkronen bis weit hinüber zu den Gipfeln der Allgäuer Alpen reicht.

Ausgangspunkt: Bolsternang, 785 m. Bolsternang liegt etwa 6 km südöstlich von Isny. Von der B 12 Isny – Kempten ca. 1 km bis zum Ort, dort geradeaus an der Kirche vorbei auf dem Gaiskopfweg noch ca. 250 m bis zum Parkplatz. (Navi: 88316 Isny-Bolsternang, Gaiskopfweg).
Höhenunterschied: 340 m.
Anforderungen: Beim Aufstieg überwiegend breite Forstwege, beim Abstieg schmalere Waldwege.
Einkehr: Wenger-Egg-Alpe, 1020 m.

Vom kleinen **Parkplatz (1)**, 785 m, ca. 100 m zurück Richtung Dorf, dann rechts den Hang hinauf, erneut rechts und am oberen Rand einer Wiese entlang zum Wald, den wir während unseres gesamten Aufstiegs nicht mehr verlassen werden. Auf einem breiten Forstweg folgen wir in einer Links-rechts-Kombination der Beschilderung »Schwarzer Grat«. Es geht stetig leicht bergauf, wobei wir in unregelmäßigen Abständen kleine **Infotafeln** passieren, die uns Wissenswertes über Geschichte und Geologie der Region verraten. Bald erreichen wir einen kleinen Sattel mit einer Wegkreuzung, an der wir den Forstweg verlassen und links auf einem schmalen Waldweg hinauf zum **Aussichtsturm auf dem Schwarzen Grat (2)**, 1118 m, stei-

Aussichtsturm auf dem Schwarzen Grat.

gen. Der schlanke, hohe Holzturm steht auf einer kleinen Lichtung mit einem **Spielplatz** und Picknickplätzen. Oben bietet sich eine überraschende Rundsicht auf das ausgedehnte Waldgebiet sowie die Allgäuer Alpen im Süden, den Bodensee und das württembergische Alpenvorland. Im Südosten ist die kleine Lichtung der Wenger Alpe zu erkennen.

Der Rückweg erfolgt anfangs auf dem vom Hinweg bekannten Waldweg hinab zur Wegkreuzung am Sattel, dann auf einem Forstweg Richtung **Wenger Alpe** (Einkehrmöglichkeit). Kurz vor der Alphütte verlassen wir den breiten Schotterweg und steuern über die Wiesen das **Gipfelkreuz auf dem Raggenhorn (3)**, 1056 m, an. Der nun folgende Abstiegsweg ist etwas dürftig beschildert. Es geht steil und weitgehend geradeaus (mit Wegweiser nach »Kleinweiler«) durch den Wald hinunter, dann weglos quer über eine Wiese weiter bergab (links sind die Häuser von Wengen zu erkennen), bis rechts eine Hütte auftaucht. Direkt dahinter beginnt rechts ein breiter Forstweg, auf dem wir durch Wald absteigend zum Talboden gelangen (839 m). Von hier sind es noch etwa 10 Minuten zurück zum Parkplatz in **Bolsternang (1)**.

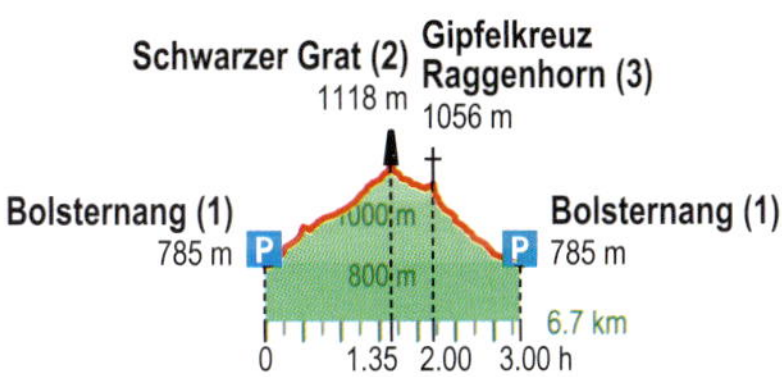

TOP

34 Im Tal der Unteren Argen bei Isny

4.15 Std.

Moore, Weiher und weite Ausblicke

Nördlich von Isny erwartet den Wanderer eine hübsche, abwechslungsreiche Landschaft, durch die sich die kleine Untere Argen schlängelt. Diese Rundtour bietet schöne Uferwege entlang des naturnahen Flusses, den stillen Herbisweiher, die offenen Feuchtwiesen des ausgedehnten Rotmooses sowie den langgezogenen Grat des Menelzhofer Berges, dessen Höhen prächtige Ausblicke über den weiten Talraum rund um Isny sowie die Nagelfluhkette im Hintergrund gewähren.

Ausgangspunkt: Neutrauchburg, 693 m, 2 km nördlich von Isny, Parkplatz am südlichen Ortsende beim Minigolfplatz (Navi: 88316 Isny-Neutrauchburg, Schlossstraße).

Höhenunterschied: 150 m.

Anforderungen: Feldwege und autofreie Teersträßchen, teils Waldwege, überwiegend flach, teils mäßige Steigungen.

Einkehr: Jägerhof, 745 m.

Vom **Parkplatz (1)**, 693 m, die Hauptstraße in den Ort hinauf und nach ca. 200 m schräg rechts in die Argenstraße. Auf dieser durch ein kleines Waldstück, nach 300 m rechts und am Waldrand entlang bis zu einem Wirtschaftsweg. Dort links und durch Wiesen und Felder zu einer **Brücke über die Untere Argen (2)**, 680 m. Auf der anderen Flussseite links und nach ca. 350 m rechts, dann am Waldrand entlang zum stillen **Herbisweiher (3)**, 684 m, wo uns am rechten Ufer ein kurzer Stichweg zu einem Steg am Südufer bringt. Der Weiterweg führt am linken Seeufer entlang und schließlich auf einem

Herbisweiher.

schmalen, holprigen Waldweg bergauf. Nach Überqueren der Landstraße geradeaus auf schmalem, autofreiem Teersträßchen stetig ansteigend den **Menelzhofer Berg** hinauf. Wald wechselt ab mit offenen Wiesen, die mit zunehmender Höhe freiere Ausblicke Richtung Isny und Nagelfluhkette bieten. Zum Ende durch ein kurzes Waldstück abwärts zum **Jägerhof (4)**, 745 m. 150 m unterhalb der Hotelgebäude links steil die Wiesen hinab bis zur **Argenbrücke Maxbauer (5)**, 671 m. (Achtung: Momentan und bis ca. Mitte 2021 ist die Brücke wegen Einsturzgefahr gesperrt. Der beschilderte Umweg – ca. 30 Min. – erfolgt auf einer Teerstraße in westlicher Richtung bis zur Landstraße, dort über die Argen und am anderen Ufer wieder retour zur Fußgängerbrücke (5)). Von dort südwärts auf schmaler Teerstraße über eine bewaldete Kuppe und wieder abwärts bis zu einer Landstraße, die wir queren. Auf der anderen Seite rechts ca. 100 m parallel zur Straße, dann links und hinein ins tischebene Rotmoos. Einen guten Kilometer südwärts, dann zweimal links und ostwärts dem sich durch die Feuchtwiesen windenden Weg folgen bis zu einer Allee, auf der wir uns erneut links halten. Nach knapp 150 m rechts ab und nordwärts allmählich zurück Richtung **Ausgangspunkt (1)**.

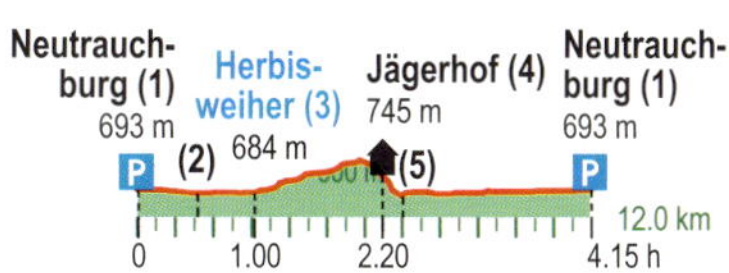

35 Seen und Moore bei Beuren

1.45 Std.

Reizvolle Landschaft bei Ur- und Badsee

Im Norden von Beuren breitet sich eine echte Bilderbuch-Moorlandschaft aus mit freien Flächen, Auwäldern, zwei großen, ganz ursprünglichen und zauberhaften Moorseen, Streuwiesen und der entsprechenden Flora und Tierwelt. Als Gegenpol gibt es einen schmucken Badesee mit dem passenden Namen »Badsee«, der die ideale Erfrischung nach der Wanderung bietet.

Ausgangspunkt: Allmisried, 680 m. Von Isny 3 km Richtung Leutkirch, dann links ab und auf ganz kleiner Teerstraße durch eine stille Hügellandschaft nach Beuren. Hinter der Kirche rechts, auf der übernächsten Straße links (Schild »Badsee«) und zwischen Wiesen 1,8 km nach Allmisried, großer Parkplatz beim schönen Strandbad und beim Campingplatz. Nach Beuren auch direkt von Leutkirch, Abzweigung von der Durchgangsstraße bei Friesenhofen Mehrmals täglich Busse ab Isny (Navi: 88316 Isny-Beuren, Allmisried 1).

Höhenunterschied: 50 m.

Anforderungen: Erst gute Fuß- und Feldwege, dann Steige im Moor, evtl. nass.

Einkehr: Gasthäuser in Beuren und am Badsee.

Variante: Wer die Tour deutlich abkürzen will, startet in Beuren und kann rasch von der Nordwestseite des Großen Ursees dorthin zurückkehren.

Hochmoorlandschaft im Taufachmoos.

Direkt vom Parkplatz am **Badsee (1)** auf dem Feldweg kurz nach Osten, dann am Ufer entlang und schließlich über die Wiesen empor nach **Beuren (2)**. Links, kurz danach wieder links und auf der Hauptstraße 600 m zum Ortsrand. Nun auf dem kleinen Sträßchen an den wenigen Häusern von **Unterspießwengen (3)** vorbei, bis es sich nach etwa 25 Min. nach einem Wäldchen wieder der Hauptstraße nähert.

Am Waldeck im rechten Winkel nach links und auf dem unscheinbaren Weg bald ins schöne, weite **Taufachmoos (4)** mit freien Flächen, Birken und Kiefern. 800 m gerade nach Norden, dann nach Westen, schließlich auf einem feuchten Steig durch Auwald zwischen den beiden **Urseen (5)** hindurch, bis man auf einen querlaufenden Weg trifft. Hier geht es bei Bedarf links zurück nach Beuren, wir aber gehen rechts auf dem Weg nach Norden, bis wir etwa die Mitte des Kleinen Ursees erreichen. Nun wandern wir nach links durch ein kleines Waldstück und über den Rötelbach. Am Waldrand treffen wir auf einen guten Feldweg, dem wir durch Wiesen nach Süden folgen, quer über die Allmisrieder Straße, zum Ufer des Badsees und nach rechts zurück zu Parkplatz und **Strandbad (1)**.

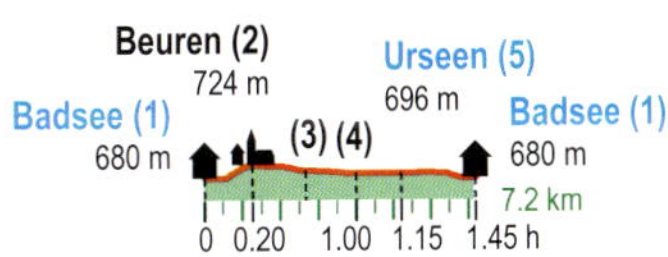

36 Walkenberg, 952 m, und Gschnaidt

2.30 Std.

Weite Höhen am Rand der Berge

Das Besondere an dieser Wanderung sind die Höhen bei Walken- und Brennberg, eine weite, freie Hügellandschaft, in der die Dörfer sehr malerisch auf den höchsten Kuppen liegen – ein auffallender Kontrast vor und nach den schier endlosen Wäldern von Hohentann. Winterstetten gehört zur Gemeinde Leutkirch, doch erstaunlicherweise überschreitet man unmittelbar hinter dem Ort die Grenze zu Bayern. So zählt das weltabgeschiedene Dörfchen Walkenberg zur Großgemeinde Altusried, die aus nicht weniger als fünf Orten und 154 Weilern und Einöden besteht. Und das Typische der Region zeigt sich in einer anderen Zahl: Es gibt 320 Vollerwerbs-Bauernhöfe.

Ausgangspunkt: Gschnaidt, 884 m, 4 km südwestlich von Kimrathshofen. Von Leutkirch Richtung Altusried 4,5 km nach Wuchzenhofen, rechts ab und über die freien Flächen 2,5 km nach Frauenzell und Rungatshofen. Dort links und noch 2,9 km hinauf nach Gschnaidt (Wallfahrtskirche, Kreuzgang und Gasthaus). Es gibt auch eine direkte Zufahrt von Kimratshofen (Navi: 87452 Altusried-Gschnaidt).
Höhenunterschied: 250 m.
Anforderungen: Meist größere oder kleinere Forststraßen, kurzzeitig Fußwege.
Einkehr: Ghs. Zum Kreuz in Gschnaidt.

Im Remser Tobel.

Von **Gschnaidt (1)** auf der Forststraße stets auf dem höchsten Kamm mit Wald und freien Flächen 1,9 km nach Südosten. Dann rechts ab und weiterhin auf dem höchsten Kamm (bei der Verzweigung nach 300 m rechts) – nun nach Südwesten – 1,2 km hinaus auf den **Walkenberg (2)**, 952 m, mit der **Schanz**. Abstieg ins **Dorf Walkenberg (3)**, 867 m. Bei den ersten Häusern rechts, 15 Min. über Wiesen hinab in den **Remser Tobel (4)** und in dem stillen Bachtal gut 1 km talaus (tiefste Stelle 763 m, 30 Min.). Dann rechts hinauf ins nahe **Hinterbrennberg (5)**, 823 m. Vom obersten Haus über die freien Hänge mit weiten Ausblicken empor, dann auf einem Waldrücken auf die Höhe, 895 m, und noch 200 m zurück zum **Ausgangspunkt (1)**.

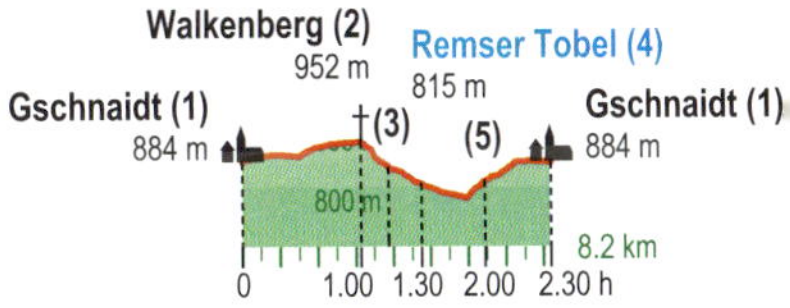

37 Wälder und Höhen bei Schloss Zeil

2.45 Std.

Im Norden von Leutkirch

Bei Leutkirch trifft man auf einen auffallend weiten Talboden, der auch Leutkircher Heide genannt wird. Darüber thront, 120 m höher, das Schloss Zeil, eine gewaltige und ausgedehnte Anlage mit gepflegten Innenhöfen und einer Barockkirche. Weit reicht von dort der Blick nach Süden. Noch umfassender aber ist die Aussicht vom Wachbühl, der höchsten Erhebung weit und breit. Wald und wiesenreiches Bauernland bestimmen etwa zu gleichen Teilen den Ausflug in einer meist stillen Umgebung.

Ausgangspunkt: Herbrazhofen, 635 m, ca. 5 km nordwestlich von Leutkirch. A 96 Ausfahrt »Aichstetten« (von Norden kommend) oder »Leutkirch« (von Süden aus), von dort jeweils noch ca. 2 km bis Herbrazhofen. Parkmöglichkeiten am Ortsrand (Navi: 88299 Leutkirch, Herbrazhofen).
Höhenunterschied: 200 m.
Anforderungen: Problemlos zu begehende Straßen und Wege.
Einkehr: Gasthof im Gelände von Schloss Zeil.

Vom Parkplatz gehen wir wenige Meter in den Ort **Herbrazhofen (1)**, 635 m. Hier rechts in den **Brunnentobel (2)**. Bei der Verzweigung nach 600 m auf der Schotterstraße an den Häusern vorbei bis zur Höhe des ersten Fischweihers. Hier links und auf dem breiten Weg HW 5 noch einmal nach links in den Wald. Nach ca. 400 m auf einem etwas kleineren Weg rechts aufwärts zu einer schönen Lichtung und durch Hochwald nach **Lampertsried (3)** am Rand der freien Höhen. Hier geht es links,

Blick nach Süden vom Schloss Zeil

Schloss Zeil bei Leutkirch.

nach 150 m wieder rechts und über Wiesen zu einem Wegkreuz. Rechts Abstecher auf den aussichtsreichen **Wachbühl (4)**, 791 m.
Zurück zum Wegkreuz, dann auf dem rechten Sträßchen nach **Starkenhofen (5)**. Hier 150 m nach rechts, noch einmal rechts auf dem Verbindungsweg zur Straße Seibranz–Schloss Zeil. Gleich gegenüber in den Wald von **Tiergarten (6)**. Bei der Verzweigung rechts und ein Stück nach Süden an der Josefskapelle vorbei zu den weiträumigen **Schlossanlagen von Zeil (7)**. Das Gebäude ist in Privatbesitz; nur Außenanlagen zu besichtigen, Barockkirche. Am rechten, hinteren Eck der Mauern beginnt ein Fußweg. Auf ihm hinab in den **Brunnentobel (2)** und zurück zum **Parkplatz (1)**.

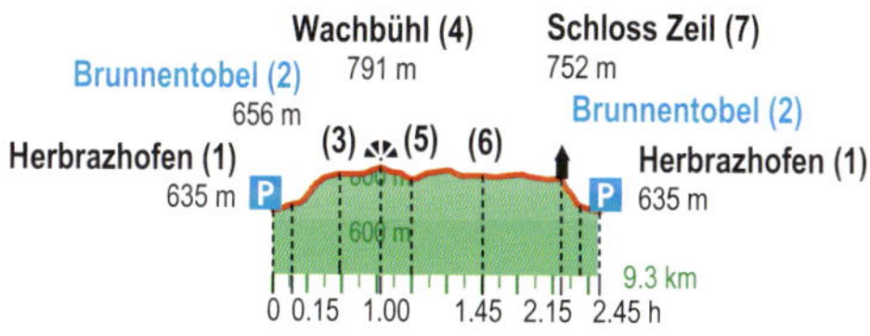

38 Die Runde bei Eglofs

3.45 Std.

Der Südwesten der Gemeinde Argenbühl

Die Gegensätze sind das Besondere an dieser beschaulichen Wanderung: weite, wellige, von Wiesen überzogene Höhen mit herrlichen Ausblicken, schmale Bachtäler, einsame Fichtenwälder … Man ist hier in einer abgelegenen, ruhigen Bauernwelt ohne Hektik unterwegs.

Ausgangspunkt: Eglofs, 663 m, 10 km westlich von Isny an der B 12. Barockkirche in dominierender Lage am Ortsrand steil über dem Argental, Dorfplatz mit Fachwerkhäusern, Parkplatz. Etwa stündlich verkehrende Buslinie Wangen – Eglofs – Isny (Navi: 88260 Eglofs, Dorfplatz).

Höhenunterschied: 200 m.

Anforderungen: Problemlos zu begehende Straßen und Wege, doch bei der Orientierung ist etwas Aufmerksamkeit notwendig.

Einkehr: Gasthöfe in Eglofs, Eglofstal und Aschen.

In **Eglofs (1)** quer über die große Straße auf den Sennereiweg und gleich danach links auf dem Weg Strickershöhe aus dem Ort. Nach Norden über weite Wiesenflächen mit einzelnen Höfen. Bei der ersten Verzweigung halblinks, bei der zweiten halbrechts. Dann kurz hinab zum Gießbach mit den Häusern von **Mühlhalden (2)**. Drüben wieder hinauf zu einer Wegverzweigung am Waldrand. Links in einem Bogen durch Wald zurück zum Fahrsträßchen. Auf ihm 350 m nach Westen, dann links auf dem Feldweg nach **Hochberg (3)** in herrlicher Lage. An den ersten Häusern vorbei, anschließend links weit hi-

Schloss Syrgenstein.

nab zum Bach und drüben zu einer Bauernstraße auf freien Feldern. Auf ihr und auf der nächstgrößeren Straße etwa 15 Min. rechts abwärts. Wo von rechts die von Laidraz kommende Straße einmündet, geht es links ab und auf einem Forstweg im **Gießenwald (4)** immer parallel zum Bachtal bis zu einem einsamen Haus. Hier nach links, bei der Fischzucht halbrechts, in einem Bogen im Wald aufwärts und dann geradeaus zu den freien Flächen.
Mit schönem Blick wandern wir hinaus nach **Hummelberg (5)**. Auf Weg Nr. 6 über **Aschen (6)** bis zum Gasthaus Ochsen und noch 300 m zu einem Hof mit gelben Schindeln. Hier rechts auf dem Feldweg an einem Haus vorbei zur Geländekante und schräg links hinab zur Argen. Auf der B 12 rechts über die Brücke. Von dort Abstecher hinauf zum **Schloss Syrgenstein (7)** – privat. Zurück zur B 12, an ihr und den Häusern von **Eglofstal (8)** entlang 600 m nach Osten, dann auf steilem Weg hinauf zur Kirche von **Eglofs (1)** und zum Parkplatz.

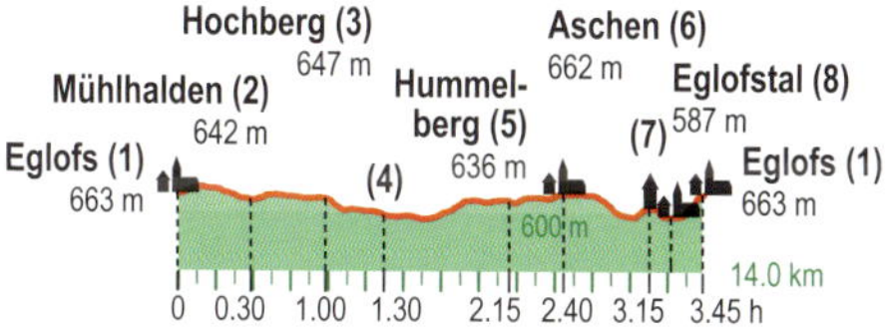

TOP 39

Höhen und Täler bei Ratzenried

3.15 Std.

Beim Aussichtspunkt Siggener Höhe

»Vom Hochvogel bis zu den Schweizer Bergen reicht der Blick.« Bei Aussichtspunkten wie der Siggener Höhe wird stets der Fernblick hervorgehoben, dabei ist die Sicht über das Meer von Hügeln und Tälchen, das sich zu Füßen des Betrachters nach Süden hinzieht, ebenso eindrucksvoll. Besonders deutlich und malerisch zeigt sich die Landschaft beim schräg einfallenden Morgen- oder Abendlicht. Durch diese Welt der Wiesen, Weiler und Einzelhöfe führt eine stille Wanderung; außerdem besuchen wir die eindrucksvollen Reste der versteckt im Wald liegenden Burgruine Ratzenried.

Ausgangspunkt: Siggener Höhe, 725 m, an der Straße Ratzenried – Siggen – Isny. Kleiner Parkplatz 1,5 km westlich von Siggen. Mehrmals täglich Buslinie Wangen – Ratzenried – Siggener Höhe – Siggen (Navi: 88260 Argenbühl, Aufreute).

Höhenunterschied: 175 m.
Anforderungen: Problemlos zu begehende Straßen und Wege.
Einkehr: Unmittelbar an der Strecke keine; nächste Gatshäuser in Siggen und Ratzenried.

Vom **Parkplatz (1)** zum nahen Hof von Oberhalden und auf kleinem Weg nach Westen über die Höhe (herrlicher Blick) nach **Alperts (2)**. Ein paar Schritte nach links, dann wieder rechts und 300 m über freies Gelände zu einer Teerstraße, der wir 300 m nach rechts folgen. Dann links auf undeutlichem Wiesenweg auf die **Ruine Altratzenried (3)** zu.
Kurz nach dem Erreichen des Waldrandes links hinab zum stark zugewachsenen **Oberen Schlossweiher (4)** und zur Straße. Auf ihr 500 m nach **Sechshöf**, beim ersten Haus rechts ab nach **Weihers** und nun wieder links über

Panorama von der Siggener Höhe.

sehr schöne, freie Höhen nach **Kögelegg (5)** und weiter nach **Zimmerberg**. Von dort 400 m nach links zur größeren Straße und auf ihr 300 m nach Süden zur nächsten Abzweigung. In stets waldfreiem Gelände über **Schliechten (6)** nach **Alleschwende (7)**, dort links und gut 20 Minuten leicht bergan bis zu den Häusern von **Alperts (2)**, das wir bereits vom Hinweg kennen. Gleich hinter dem Weiler rechts und auf bekanntem Weg über die freien Wiesen gemütlich zurück zum Ausgangspunkt an der **Siggener Höhe (1)**.

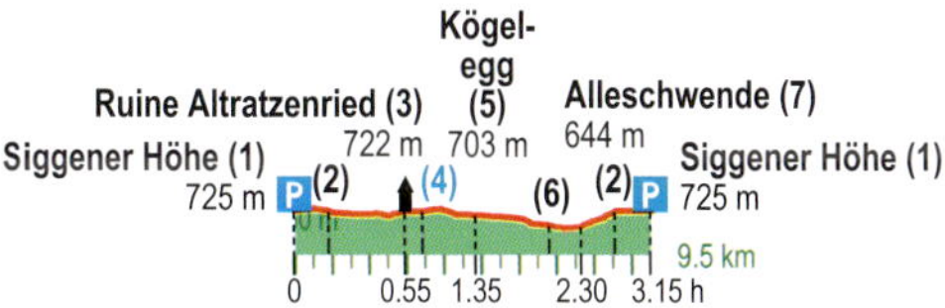

40 Von Ratzenried nach Wangen

2.30 Std.

Zu Fuß ins malerische Wangen

Während bei den meisten Wanderungen im Allgäu die Natur und die Landschaft im Vordergrund stehen, bietet diese Wanderung am Ende ein städtebauliches Highlight in Gestalt der gemütlichen Kleinstadt Wangen mit ihrer hübsch herausgeputzten Altstadt. Von Ratzenried führt die Tour aussichtsreich über weite Höhen und Wiesen gemütlich hinab ins Tal der Oberen Argen, an deren Ufer die ehemalige Reichsstadt liegt.

Ausgangspunkt: Ratzenried, 676 m, Gemeinde Argenbühl, ca. 7 km nordöstlich von Wangen. Parkplatz im Ortszentrum südlich der Kirche. Mehrmals täglich Busse Wangen–Ratzenried (Navi: 88260 Argenbühl-Ratzenried, Wetzelsrieder Straße 18).
Endpunkt: Wangen, 553 m; zurück nach Ratzenried per Taxi oder Bus (Linie 90 Wangen – Ratzenried, mehrmals täglich, an Schultagen).
Anforderungen: Problemlos zu begehende Wege und Sträßchen.
Höhenunterschied: 50 Hm ↑, 170 Hm ↓.
Einkehr: In Wangen.

Historische Altstadt von Wangen

Löwenzahnwiesen bei Kögelegg.

In **Ratzenried (1)** auf der Burgstraße nach Süden zur Höhe über dem Unteren Schlossweiher. Noch vor ihm rechts ab und nach **Weihers** (ab hier markiert mit HW 9). Kurz danach steht links über dem Weg das **Kreuz von Kögelegg**, 729 m, zu dem man, falls die Wiesen niedrig sind, wegen des herrlichen Rundblicks hinaufsteigen sollte. Jenseits der Höfe von **Kögelegg (2)** auf kleinen Feldwegen rechts hinab in eine Senke und weiter zu einem Sträßchen. Auf ihm nach **Laudorf (3)** und Zurwies. Ca. 200 m hinter Zurwies bei einem einzelnen Haus nach links, auf einem Feldweg hinab und dann auf der Oberen Dorfstraße nach **Deuchelried (4)**. An der Kirche links (auf der Straße Am Knöbele) kurz nach Westen, bei einem einzelnen Haus links ab und hinab zur Oberen Argen. An ihr entlang und beim Pulverturm in die Altstadt von **Wangen (5)**.

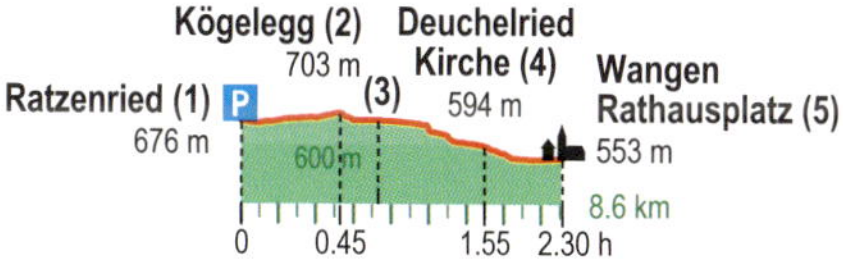

41 Am Zusammenfluss der Argen

3.00 Std.

Der Gegensatz: Flusstal und weite Höhen

Obere und Untere Argen sind die Flüsse des Westallgäus. Immer wieder begegnen wir ihren gewundenen Läufen. Deshalb sind wir natürlich neugierig auf den Zusammenfluss der beiden Argen im Gebiet von Neuravensburg. Von hier strömt der nun schon stattliche Fluss weiter zum Bodensee. Das Besondere an unserem Ausflug ist der Kontrast zwischen dem »intimen«, ruhigen Flusstal und den von Wiesen überzogenen Höhen mit weitem Blick.

Ausgangspunkt: Parkplatz bei Neuravensburg-Grub, 505 m, ca. 8 km südwestlich von Wangen. Von Wangen auf der B 18 nach Schwarzenbach-Neuravensburg. Zwischen beiden Ortsteilen rechts ab, 500 m weiter in Grub links zum Parkplatz unter dem hohen Autobahn-Viadukt. Stündlich Busse Oberreitnau – Neuravensburg – Wangen (Navi: 88239 Wangen-Neuravensburg, Fischerweg).
Höhenunterschied: 100 m.
Anforderungen: Meist Fußwege, bei Nässe rutschig.
Einkehr: Gasthöfe in Blumegg und Grub.

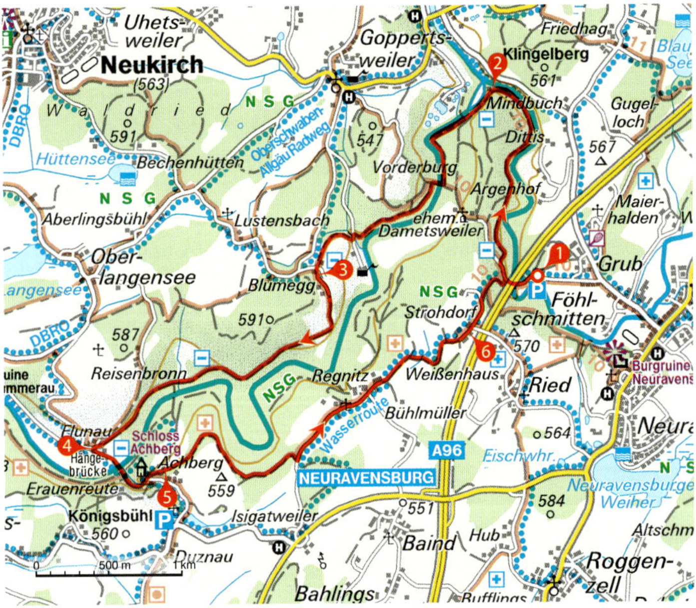

Die »vereinte« Argen.

Vom **Parkplatz (1)** durch Wald zur nahen Steinbrücke über die Obere Argen. Danach rechts und gut 100 m später erneut rechts. Stets auf dem mit Nr. 10 markierten Fußweg erst durch Wald, dann in der Nähe des Wassers zum **Zusammenfluss der beiden Argen (2)**, Grillplatz mit Hütte.
Längs des nun gemeinsamen Flusses nach Südwesten. Bei der zweiten Brücke über die Argen und am anderen Ufer zu einem von rechts kommenden Bach. Von dort hinauf nach **Blumegg (3)** und gleich wieder hinab ins Tal. Nach Südwesten und eine weite Flussschleife abschneidend nach **Flunau (4)**. Nach den ersten Häusern links hinab, über die **Hängebrücke** und bis vor das Portal des **Schlosses Achberg (5)**.
Gleich gegenüber auf Fußweg zu einer Höhe, steil über der Argen durch Wald hinüber zu den sanften Wiesen von **Regnitz**. In diesem Ort geradeaus und über Weideflächen auf kleinem Weg nach **Strohdorf (6)**, das ebenso wie Regnitz nur ein Weiler ist. Auch hier geradeaus und zur Geländekante, von dort kräftiger Abstieg zur Steinbrücke und zum **Parkplatz (1)**.

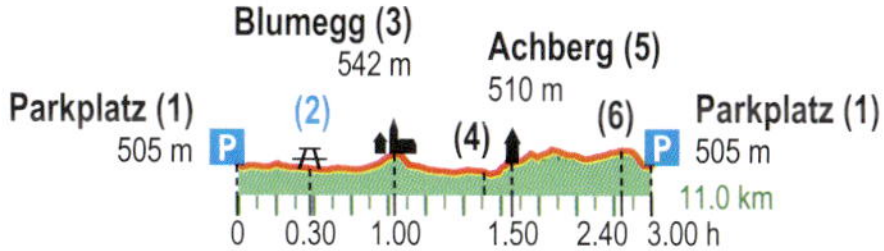

42 Wald, Wiesen und Moor bei Waldburg

2.30 Std.

Stille Wanderung beim Stammschloss der Waldburger

Waldburg nennt man den Ort zwischen Wangen und Ravensburg, Waldburg heißt aber auch das Schloss auf seinem hohen Kegel unmittelbar über den Häusern. Und nicht zuletzt sind die Waldburger ein altes Adelsgeschlecht, das großen Einfluss in weiten Teilen des Westallgäus hatte. Es begegnet uns in zahlreichen Orten wie Wolfegg, Bad Waldsee, Bad Wurzach, Isny usw. Unsere Wanderung um Waldburg zeichnet sich durch Vielfalt aus: Höhen, Wälder, Orte, Wiesen, Moore ... Bewusst haben wir eine Art Querschnitt gebracht, um von allem etwas zu zeigen. Das erfordert allerdings einige Geschicklichkeit beim Zurechtfinden.

Ausgangspunkt: Vorderwiddum bei Waldburg, 672 m. Von Waldburg auf Welfen- und Bannriedstraße etwa 1,5 km über Bannried nach Vorderwiddum. Auf der großen Straße 200 m links zum Parkplatz (Navi: 88289 Waldburg-Vorderwiddum).

Höhenunterschied: 100 m.

Anforderungen: Meist ohne Schilder und Markierungen, kurze undeutliche Abschnitte, Aufmerksamkeit bei der Orientierung wichtig.

Einkehr: Gasthäuser in Waldburg.

Vom **Parkplatz (1)** 200 m auf der Straße nach **Vorderwiddum**. Hier rechts auf dem Feldsträßchen weiter. Bei der Verzweigung halblinks zu den ersten Häusern Waldburgs. Nun entweder gleich gegenüber auf schlechtem Wald-

Die Waldburg.

weg über eine Höhe zum **Sportplatz (2)** oder erst 200 m nach Dietenberg und auf einem Sträßchen dorthin. Direkt vor dem Platz auf einem Feldweg zur Straße Waldburg – Schlier. Auf ihr zur **Grimmenkapelle**, dann rechts durch **Frankenberg (3)** und hinter den Häusern etwas nach rechts zum Waldrand. Auf dem Waldweg nach Norden (beim Beginn des Hochwalds rechts ohne Weg in 2 Min. zum **Erratischen Block** hinauf), an seinem Ende halbrechts ein paar Meter empor und in der gleichen Richtung auf nun wieder deutlichem Weg in einen Waldsattel. Rechts hinab in ein Wiesentälchen und nach **Waldburg (4)**.

Über den Burgweg zur Kirche, Abstecher zum Schloss, dann nach Norden über bald freie Höhen zum Aussichtspunkt **Schädlers Kreuz (5)**. An den Bänken vorbei nach Osten und Nordosten zur Straße Waldburg Vogt. Gegenüber in den Wald und immer auf dem größten Weg zum **Damwildgehege**. Auf dem Fahrweg nach **Edensbach (6)**. 700 m auf der Straße Richtung Hannober, dann rechts zu einem einzelnen Hof (Weg Nr. 3) und geradeaus über die moorigen Wiesen in ein Wäldchen. Hier links und 400 m weit zu einer Fichtengruppe mit Hochsitz. Nun ohne Weg am Rand zwischen Wiese und Moor nach Westen, dann durch ein Wäldchen zu den Häusern von **Blauensee (7)**. Nach links zur Straße und auf ihr nach rechts zurück zum **Parkplatz (1)**.

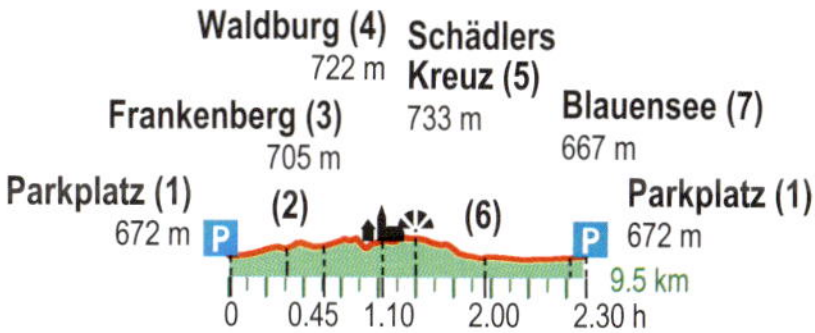

43 Im Südosten von Kißlegg

2.45 Std.

Zum Argensee

Auf diesem Ausflug wird man nur wenigen Wanderern begegnen. Dabei ist die Strecke sehr abwechslungsreich, von der »verwunschenen« Waldlichtung bis zum Fernblick, der sogar den Säntis umfasst, werden hier alle Zwischenstufen geboten. Einen besonderen Zauber haben die beiden Seen östlich von Goppertshofen mit ihren idyllischen Schilfufern und den vielen Wasservögeln, der Argensee und der schwerer zugängliche Wuhrmühleweiher.

Ausgangspunkt: Kißlegg, 648 m. Von der Ortsmitte auf der Wangener Straße, dann links auf der Gebrazhofer Straße zum großen Parkplatz bei den Schulen (Navi: 88353 Kißlegg, Gebratzhofer Straße 27).

Höhenunterschied: 100 m.

Anforderungen: Völlig problemlos zu begehende Feld- und Waldwege, einige Straßenstücke mit wenig Verkehr.

Einkehr: Gasthäuser in Kißlegg.

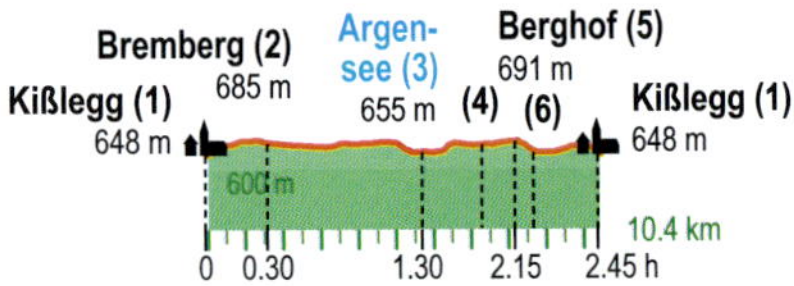

Auf der Gebrazhofer Straße in **Kißlegg (1)** nach Osten aus dem Ort. Bei der nahen Kreuzung geradeaus auf dem Sträßchen nach **Bremberg (2)** in einer ganz von Wald eingefassten Wiesenmulde und weiter bis kurz vor Oberrot. (Bei der Kreuzung evtl. auch links nach Hunau; bald danach rechts und auf dem Weg Nr. 13 durch Wald ins Gebiet von Oberrot; 20 Min. länger.)
Nun rechts an einem einzelnen Hof vorbei zum Wald und durch das weiträumige **Roterholz** zu neuen Wiesen. Noch 200 m am Waldrand entlang, dann auf dem linken Weg über die Wiesen mit sehr schönem Blick auf den Argensee, auf den Wuhrmühleweiher und auch nach Süden bis zu den Bergen. Abstecher zum **Argensee (3)**, 655 m, mit **Bademöglichkeit**.
Dann über die Höhen nach **Goppertshofen (4)**. Im Ort beim silbernen Kruzifix halblinks über **Berghof (5)** – Ausblicke bis in die Alpen – nach **Zaisenhofen (6)**. Im Dorf nach rechts auf die Hauptstraße, doch schon 100 m später wieder rechts. Über die Wiesen an **Schorren** vorbei zur anfangs erwähnten Kreuzung und zurück zum **Parkplatz (1)**.

Am Argensee.

44 Fünfseenwanderung bei Wolfegg

2.00 Std.

Stille Wald- und Seenlandschaft

Vom kleinen, idyllisch von Bäumen umrahmten Hasenweiher bis hin zum Metzisweiler Weiher von immerhin einem Kilometer Länge, der ganz zwischen Wiesen gebettet ist, wird hier eine vielgestaltige Seen-, Moor- und Waldlandschaft geboten, zu der auch Schilf, Heidelbeeren, Heidekraut, Krüppelkiefern usw. gehören. Einen auffallenden Kontrast dazu bilden der Anfang und der Schluss der Wanderung, die über hügelige Bauernwiesen mit weiten Ausblicken etwa nach Bad Wurzach führen.

Ausgangspunkt: Eintürnenberg, 717 m, zwischen Wolfegg und Bad Wurzach. Von Wolfegg am Bahnhof vorbei Richtung Bad Wurzach, in Weitprechts rechts nach Eintürnenberg. Beim Maibaum rechts zum Parkplatz am Ortsrand. Oder von Bad Wurzach über Eintürnen direkt nach Eintürnenberg (Navi: 88410 Bad Wurzach-Eintürnenberg, Klarenstraße).
Höhenunterschied: Unbedeutend.
Anforderungen: Fahr- und Fußwege, teils Aufmerksamkeit bei der Orientierung nötig.
Einkehr: Gasthäuser in Weitprechts und Eintürnenberg.

Vom **Parkplatz (1)** auf dem Sträßchen über die Wiesen nach Südosten zum Waldrand. Hier nach links zum nahen **Hasenweiher (2)**. Über eine Lichtung

Am Holzmühleweiher.

und am Waldsaum zum **Langwuhrweiher (3)**. Zwischen dem Wasser und einer Waldwiese auf einem Damm mit Alleebäumen zum anderen Ende des Weihers. Weiter auf dem Sträßchen durch Wald und Wiesen zum **Holzmühleweiher (4)**. Am Ostufer des großen Sees auf erst breitem, dann kleinerem Weg nach Süden. Im Wald im rechten Winkel nach rechts und am Waldrand entlang zum **Brunner Weiher (5)**. An seinem Nordufer wieder in den Wald (**Lindenholz**), bei der ersten Verzweigung halblinks, 250 m später beim Wegkreuz rechts. Weitere 700 m im Wald, dann über die freien Wiesen oberhalb des großen **Metzisweiler Weihers (6)** an einem Reiterhof vorbei nach **Weitprechts (7)** und rechts empor nach **Eintürnenberg (1)**.

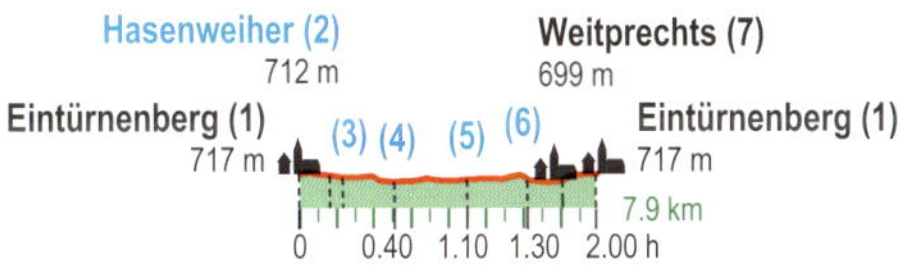

45 Wolfegg, Alttann, Höll, Berg

2.00 Std.

Rund um die Wolfegger Ach

Das Tal der Wolfegger Ach ist bei Alttann tief eingeschnitten, die begleitenden Hänge überziehen Wälder aus Fichten und Buchen. Im Westen hingegen gibt es schöne, freie Höhen mit weiten Ausblicken. Ihren ganz besonderen Reiz aber erhält die Tour durch den ungewöhnlichen Ausgangspunkt: Man parkt beim Hofgarten des Schlosses Wolfegg, einer sehr gepflegten, weiträumigen Anlage, die teilweise auf die Renaissancezeit zurückgeht. Und die Kirche von Alttann thront auf einem Vorsprung steil über dem Tal.

Ausgangspunkt: Wolfegg, 672 m. Parkplatz am Rand des Schlossgeländes (Navi: 88410 Wolfegg, Schlossplatz 11).
Höhenunterschied: 200 m.
Anforderungen: Problemlos zu begehende Fahr- und Fußwege, teilweise jedoch etwas schlecht gekennzeichnet.
Einkehr: Gasthäuser in Alttann und Wolfegg.
Variante: Weiterweg von Süh durch den Altdorfer Wald nach Grund und Rückkehr über Neckenfurt (1.15 Std. zusätzlich).

Kirche in Alttann.

Vom **Parkplatz (1)** links an der Außenmauer der Schlossanlagen entlang hinab zur Autostraße im **Tal der Wolfegger Ach (2)**. 200 m auf ihr, dann geradeaus über eine Wiese zu einem Bach. Bei den **Fischteichen** nach rechts über eine Brücke, dann in einem Bogen zur nahen Verzweigung. Auf dem rechten Weg durch Wald zu einer Lichtung, auf dem linken, oberen Weg weiter und über die Bahn zur großen Straße kurz vor **Alttann (3)**. Auf ihr durch den Ort, dann links über den Kirchberg zur aussichtsreich gelegenen Kirche. Von der Kirche auf Fußwegen hinab ins Tal und nach **Höll**. Über die Brücke nach **Neutann (4)**, von dort hinauf nach **Berg (5)** und auf dem Fahrweg weiter, bis das Gelände steil abfällt. Hier evtl. Abstecher nach rechts oben zum Aussichtspunkt Süh, 725 m. Dann halblinks bei einem Kreuz durch den Wald hinab, über Wiesen nach **Schafhof (6)** und über eine weitere Wiese ohne größeren Weg ins Tal bei Wassers. Auf einem Fußweg hinauf zur Schlossmauer und zurück zum **Parkplatz (1)**.

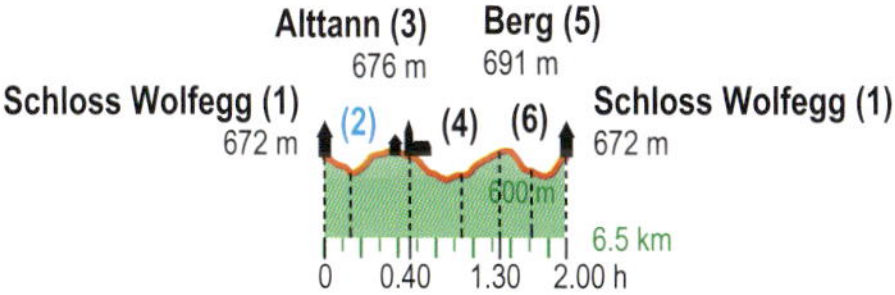

46 Wurzacher Ried und Grabener Höhe

3.15 Std.

Die großen Gegensätze bei Bad Wurzach

Mit 1387 ha gehört das Wurzacher Ried zu den großen Mooren. Der eiszeitliche Rheingletscher hatte hier ein Becken geschaffen, das nach dem Abschmelzen zum See wurde. Dieser verlandete, es entstanden Nieder- und Hochmoore. Durch einen kleinen Abschnitt dieser Landschaft mit ihrer schönen Flora führt ein Teil der Wanderung. Als Kontrast dazu folgt der Anstieg zur Grabener Höhe mit dem hindernislosen Rundblick – auch quer über die Moorfläche – und ein Weg über Felder und durch stille Wälder.

Ausgangspunkt: Haidgau, 672 m, 5 km westlich von Bad Wurzach. Von Bad Wurzach Richtung Bad Waldsee bis nach Haidgau. Mehrmals täglich verkehrende Busse Bad Waldsee – Haidgau – Bad Wurzach (Navi: 88410 Bad Wurzach-Haidgau, Hohlgasse).
Höhenunterschied: 100 m.

Anforderungen: Im Ried Fußsteige, bei Nässe evtl. nicht begehbar, zur Grabener Höhe Ortsverbindungsstraße, dann Feld- und Waldwege.
Einkehr: An der Strecke keine. Gasthäuser und Cafés in Bad Wurzach.
Varianten: Wer sich auf eine reine Moorwanderung beschränken will, macht ggf. nur die Runde durchs Ziegelbacher Ried (ab/bis Haidgau 1.30 Std.) oder startet alternativ in Bad Wurzach (Parkplätze u. a. beim Torfbahn-Bahnhof im Westen der Stadt oder am Nordrand von Bad Wurzach an der Straße nach Unterschwarzach); von dort Rundwege durchs Moor zum Riedsee (ca. 1 Std.), insbesondere am Wochenende sehr voll.

In **Haidgau (1)** bei der ersten Abzweigung auf der Riedschmiedestraße nach Osten, schnurgerade über die Felder zu einer Kreuzung und dort geradeaus zur **Riedschmiede (2)**. Nun auf dem Weg Nr. 1 in einem weiten Bogen durch das **Ziegelbacher Ried (3)**, bis man nach etwa 1 Std. auf das Sträßchen Riedschmiede–Wengen trifft. Auf diesem rechts zum Weiler **Wengen (4)**.
Hier nach oben abzweigend an einem großen Hof vorbei und auf der

Im Wurzacher Ried.

Straße über Wiesen kräftig steigend mit Blick auf das Ried zu einer Höhe mit Bank. Kurz durch Wald, dann flacher empor und rechts ab auf die **Grabener Höhe (5)**, 751 m, mit Grillgelegenheit, **Spielplatz** und Aussichtspunkt.

Wieder auf die Straße zurück und rechts nach **Graben**, 721 m. Am Ortsbeginn im spitzen Winkel nach links und über Felder, später durch Wald zur **Sebastianskapelle (6)**. Auf dem linken Weg nach Südosten durch Wald zum Rotenhäusler und dann nach Süden über Waldwege zurück nach **Haidgau (1)**.

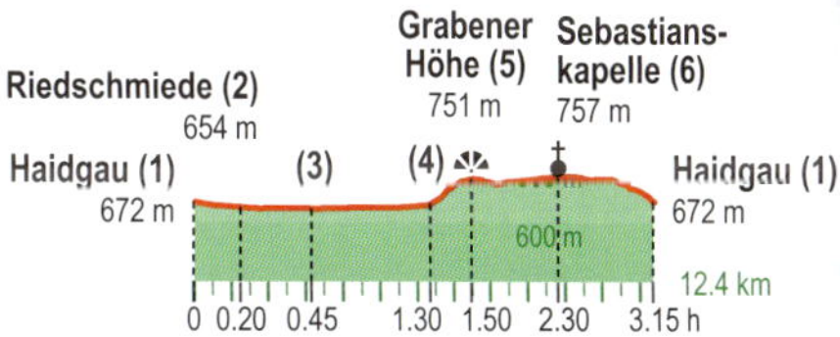

Schloss Bad Wurzach.

Stichwortverzeichnis

© WineDonut — stock.adobe.com
Finde deine Route

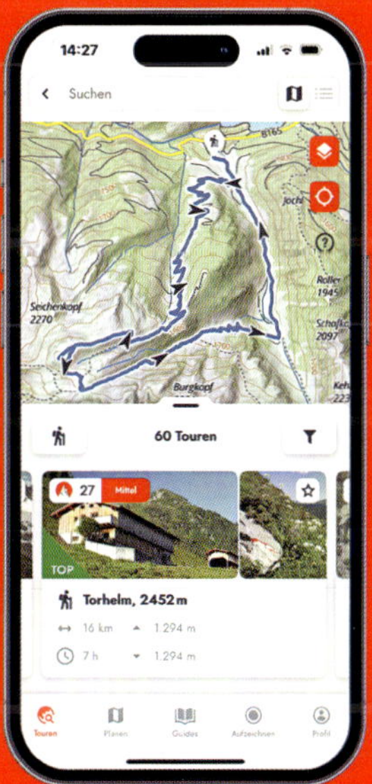
14:27
Suchen
Seichenkopf
2270
Burgkopf
60 Touren
27
Mittel
TOP
Torhelm, 2452 m
16 km
1.294 m
7 h
1.294 m
Touren
Planen
Guides
Aufzeichnen
Profil

Umschlagbild:
Nagelfluhkette oberhalb von Steibis.

Bild im Innentitel:
Kapelle bei Scheidegg; Bregenzerwald.

Alle Fotos von Gerald Schwabe.

Kartografie:
46 Wanderkärtchen im Maßstab 1:50.000 und 1:100.000
© Freytag & Berndt, Wien, ausgenommen die Karten der Touren
8, 20, 21, 22, 23, 24, 27, 32, 37, 38, 39, 40, 43, 44, 45, 46
© Bergverlag Rother GmbH, München
(gezeichnet von Gerhard Tourneau),
zwei Übersichtskarten im Maßstab 1:400.000 und 1:600.000
© Freytag & Berndt, Wien

8. Auflage 2020 (Nachdruck 2025)

ISBN 978-3-7633-4130-6

FSC www.fsc.org
MIX
Papier | Fördert gute Waldnutzung
FSC® C106148

Wir freuen uns über jeden Korrekturhinweis zu diesem Wanderführer!
Bitte per E-Mail an: leserzuschrift@rother.de

ROTHER BERGVERLAG · München
D-82041 Oberhaching · Keltenring 17 · Tel. +49 89 608669-0 · www.rother.de